ヨーロッパ文明の起源

聖書が伝える古代オリエントの世界

池上英洋 Ikegami Hidehiro

★——ちくまプリマー新書
288

目次 ＊ Contents

はじめに——エジプト人はフンコロガシを見て何を思ったか

　そのむかし、ひとりのエジプト人の男がいました。彼はその日はやることもなく、何時間も石の上に、ただボーッと腰かけていました。天からは、太陽の強い光がじりじりと照りつけてきます。

　彼の目の前に広がる土の上を、一匹の虫が通りかかりました。カナブンに似た、黄金色に輝く甲をもつその小さな虫は、頭を下にして、後ろ足を高くあげ、体よりもはるかに大きな一個の球を蹴っています。その茶色い球は虫に押されて、ゆっくりとゴロゴロ転がっていきます。そう、それはフンコロガシという食糞性《しょくふんせい》の昆虫で、文字通り他の動物がした糞を自らの餌とし、中に卵を産み付けるために、糞塊を丸くして運んでいるのです。

　男は、邪魔するでも助けるでもなく、ただじっと虫が通り過ぎるのを見ていました。そして、はたと気が付いたのです。その光景がなにかに似ていることを。彼らは、太陽

図0-01　フンコロガシ

をのせた船が、天空を東から西へと毎日渡ると考えていました。大きな丸い球が、目の前をゆっくりと横切っていく。ちょうど、太陽が昇って沈んでいくように――。

当たり前のことですが、太陽は来る日も来る日も昇って沈んではまた次の日に何事もなかったように顔を出します。古代エジプトの人々が太陽系の構造や地球の自転を知っていたはずもありませんから、彼らは、太陽とはなんと不思議な行動をとるものだと思っていたことでしょう。日々現れてはいなくなって、また現れる。そしてその太陽の光によって、木々も育ち、穀物も実をむすぶのです。太陽はあらゆる生命活動を司る偉大な存在で、まさに生命の象徴にほかなりません。このことから、古代エジプトでは、フンコロガシが糞の球を運ぶ姿に太陽の運行を見、死後の復活と永遠性を重ねて見るようになったのです。

さて古代エジプトには、数多くの神がいます。本書でもいくつか登場しますが、基本的にギリシャや日本の神話などとよく似ていて、世界の始まりの段階で、太陽や月、大地や空といった主要な神々がゾロゾロと生まれます。古代エジプトと一口にいってもさまざまな地域や部族がいて、何千年も続きましたから、神話にも多くのヴァリエーションがありますが、そのなかに、頭部あるいは全身が動物の姿をしている神も多くいます。そこに太陽神のひとつであるケプリという神がいます。それが面白いことにフンコロガシの姿をしているのです。彼らがいかに太陽とフンコロガシを同一視していたかがよくわかります。

図0-02　古代エジプトの太陽神のレリーフ、新王国時代、紀元前13世紀初頭〜10世紀半ば頃、ボルティモア、ウォルターズ美術館

フンコロガシの姿を彫った、エジプト新王国時代のレリーフがあります（図0-02）。新王国といっても、今から三〇〇〇年ほど前のはなしです。上部に二か所孔《あな》があることでおわかりのように、紐《ひも》でつり下げて飾るためのものです。おそらく、祭壇のようなところの壁につるされていたのでしょう。中央には、フンコロガシの姿があります。その上方には三日月の上に載せられた太陽がいて、それらを両側からマントヒヒが支

えています。彼らは一艘《いっそう》の船に乗っていて、その左右の下隅にある三角形部分に彫られた横線は、川の水面をあらわしています。船に載せられた太陽が、今まさに天空を渡っているところなのでしょう。

ここからは、筆者の想い出ばなしになります。私は東京にある美術系の大学に進学したのですが、その最初の講義で、先生がひとつの指輪を取り出し、学生たちの間でまわすように言いました。その指輪は、リングで挟まれているチャームの部分が回転するようになっていて、そこに、コガネムシらしき昆虫をかたどった、綺麗《きれい》な石が付けられていました。その時の私は「なんて変な指輪だ」と思っただけでしたが、皆さんはもうおわかりでしょう、それがまさに古代エジプトの宝飾品のレプリカだったのです。

古代エジプトでは、フンコロガシのことを「スカラベ」といいます。そこから、このような宝飾品も「スカラベ」の名で呼ばれます（図0-03）。掲載したスカラベは金ピカで、いかにもコガネムシっぽく見えますが、これはすべてが金ではなく七宝（エマイユ、エナメル）を施したものです。他に、色とりどりの石を嵌《は》め込んでいるものや、瑪瑙《めのう》のような宝石を単体で用いたスカラベなどがあります。彼らはこれを身に着けて、お守りとしていたのでしょう。

フンコロガシが死後の復活の象徴となり、それをかたどった指輪を身に着ける。東京の学生アパートで大きなゴキブリと日夜格闘していた私は、虫にそのような抽象的な意味を与え、それを肌身離さず持ち歩いた古代人に興味を抱きました。私たちと、なんと異なる文化なのでしょう。今から軽く五〇〇〇年は遡ることのできる文明を生きた人々が、いったい何を考えていたのか、知りたくはありませんか――。

しかし私たちは古代エジプトに関して、たとえばピラミッドとミイラについてはかなりよく知っていても、当時の宗教や社会、芸術や暮らしぶりについてはあまりよく知りません。人類はどうやってこれほどの文明を築いてきたのか、その最初期にはどのような出来事があったのか――。本書は、こうした「文明のはじまり」について、できるだけわかりやすく、楽しく理解することを狙いとしています。

具体的な対象文明は「西洋文明」、対象地域は「メソ

図0-03　スカラベの指輪、エマイユ、中王国時代、紀元前19世紀半ば～18世紀初頭頃、パリ、ルーヴル美術館

ポタミア、地中海地域、ヨーロッパ」」、対象となる時代区分は「古代オリエント、シュメール文明の成立から古代ローマによる大統一まで」です。これらの歴史を、聖書の記述を中心に読み解きます。実際にはこれらの研究はかなり進んでいて、各地域や個別テーマをあつかった優れた書籍は日本にも沢山あります。しかし、それらの相互の関連性に重点を置くことによって、古代の西洋世界全体を俯瞰《ふかん》できるような本で、気軽に手に取ることのできる平易な入門書の数は限られます。そのひとつとなることが、本書を書いた目的です。

それではこれから、古代世界を一緒に覗《のぞ》いてまわりましょう。古代と現代は数千年もの歳月で隔てられていますが、本書で見ていくように、それほど昔の出来事でありながら、今も私たちの生活のなかに、それらの影響をさまざまに見出せることを実感できるはずです。

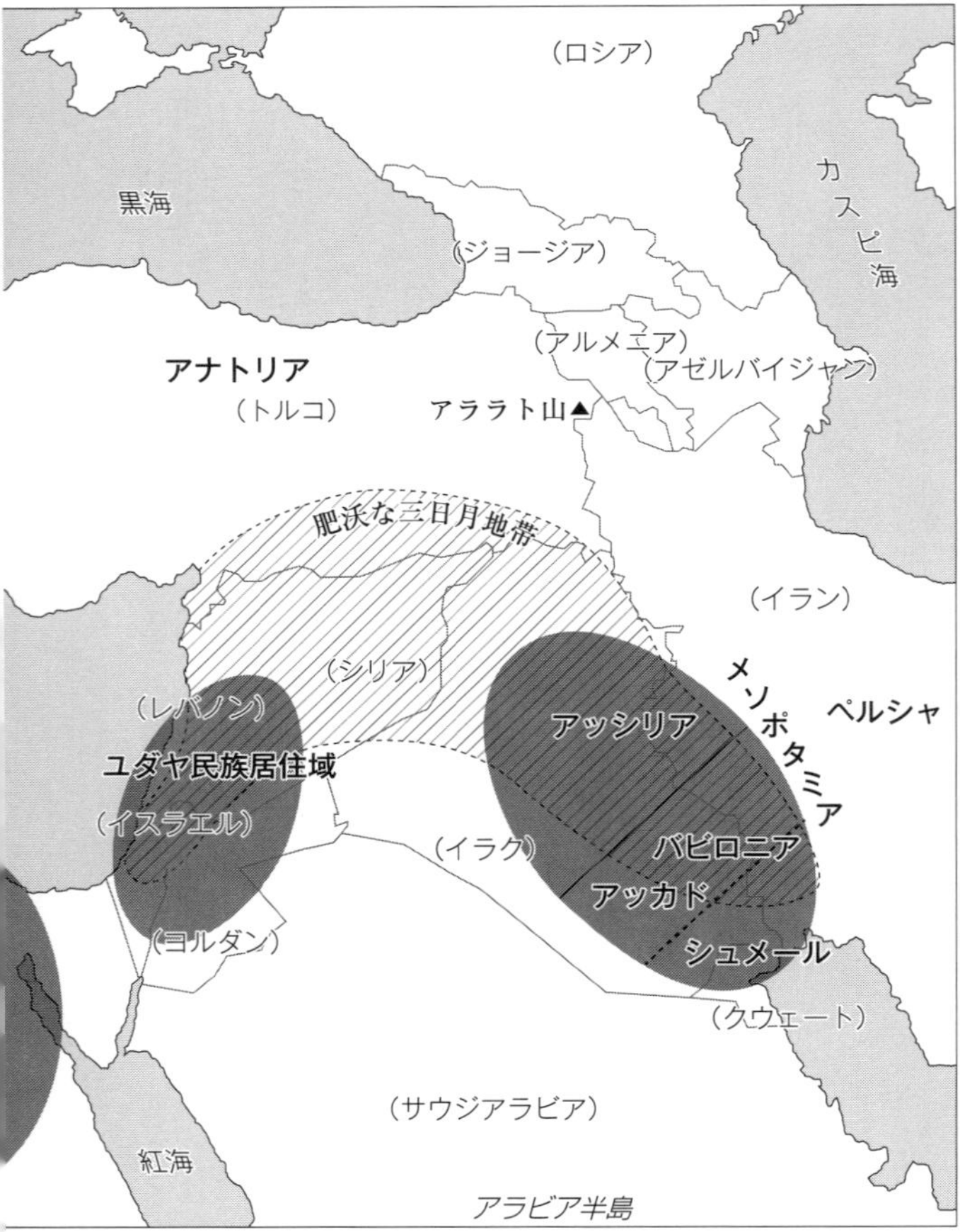

海地域の略図
代の国名はカッコつき

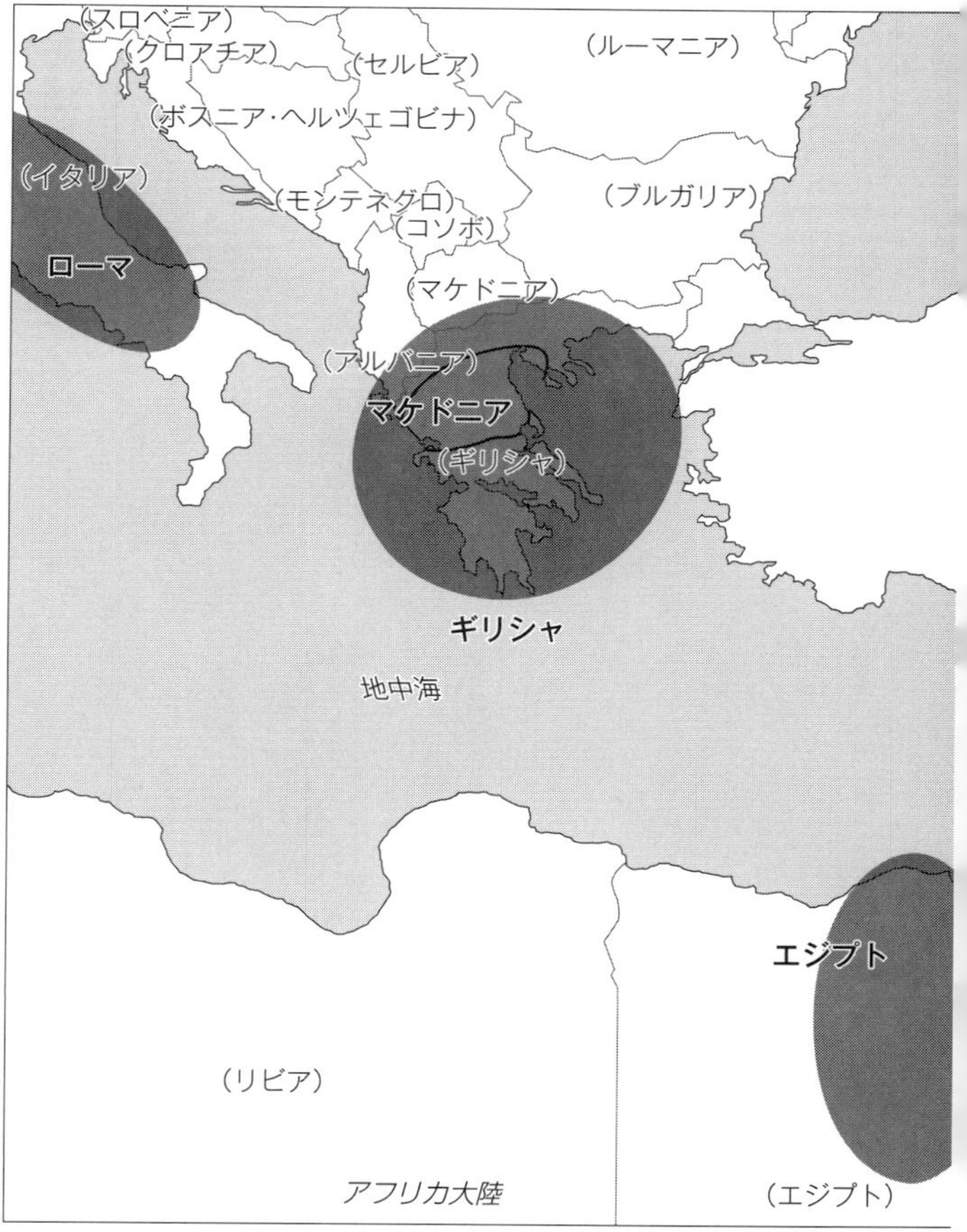

図 0-04　地中
当時の地名は太字、現

第一章

ノアの洪水は本当にあったか——世界中にある「洪水伝説」

『ベドフォードの時禱書』より、〈ノアの箱舟の建設〉、1423-30 年、ロンドン、大英図書館

1　ふたつの洪水伝説――旧約聖書とギルガメシュ叙事詩

ウバラ・トゥトゥの息子よ、家を打ちこわし、船をつくれ。
持物をあきらめ、おまえの命を求めよ。(……)
すべての生きものの種子を船へ運びこめ。

「船に入って戸口をふさげ。」その時はやって来た。(……)
空の果てから黒雲が起ち上った。(……)
六日〔と六〕晩にわたって、風と洪水が押しよせ、台風が国土を荒らした。

(……)海は静まり、嵐はおさまり、洪水は引いた。(……)
すべての人間は粘土に帰していた。(……)
ニシル山に船はとどまった。(……)

(矢島文夫訳)

どこかで聞いたことのある話だな、と思われたことでしょう。洪水が来ることを神から教えられ、船を造って、あらかじめすべての生物種を積み込んでおく――。「ノアの箱舟」として知られる話にそっくりです。ただ、引用した文では、神は「ウバラ・トゥトゥの息子」なる人物に呼びかけています。その人の名前はノアではなく、ウタ・ナピシュティといいます。つまりこの文は、ノアが登場する「旧約聖書」の『創世記』ではありません。大昔に書かれた旧約聖書より、さらに古い時代に書かれた『ギルガメシュ叙事詩』からの一節です。

ギルガメシュとはアッカド語で「神の末裔《まつえい》」を意味する、実在した王の名前です。『ギルガメシュ叙事詩』はこの王が、よき友人となるライヴァルに恵まれて成長する物語です。といっても今から四五〇〇年ほど前の時代を生きた王であり、なかば伝説化した神話的存在として描かれています。

アッカドとは、現在のイラク中部のバグダード周辺を指す古い地域名です。ティグリスとユーフラテスという、イラク北部からペルシャ湾に向けて流れる二本の大河の中流

〜下流域のうち、その西半分、おおよそユーフラテス川の流域にあたります。二大河の同じ中流〜下流域の東半分をシュメールと呼び、これらをあわせた両河川の下流域（現在のイラク南部）をバビロニアと呼んでいます（ただし境目は厳密なものではありません）。

アッカドとよく似た「アッシリア」は、二大河の上流域、現在のイラクの北部に相当します。よく耳にする「メソポタミア」とは、二大河の流域一帯を指す呼び名で、おおまかに言ってアッシリアとバビロニアをあわせた地域全体を指すと考えてください。ちなみにメソポタミアとは、「川と川の間」を意味するギリシャ語を語源としており、世界的に見ても、中国の黄河流域やエジプトのナイル川流域と並んで、最も早くから文明が栄えた地域のひとつです。

メソポタミアの下流域に古くから住んでいたのが、「シュメール人」と呼ばれる民族です。彼らこそ、最も古い言語文化を創り出した人々であり、彼らが作ったウルク第一王朝の第五代の王「ビルガメス」にまつわる伝承をもとに、おそらく紀元前一八〇〇年ごろにアッカド地域でまとめられた物語が『ギルガメシュ叙事詩』です。

さて創世記だと箱舟はアララト山の頂にとまったと書かれていますが、ここではニシ

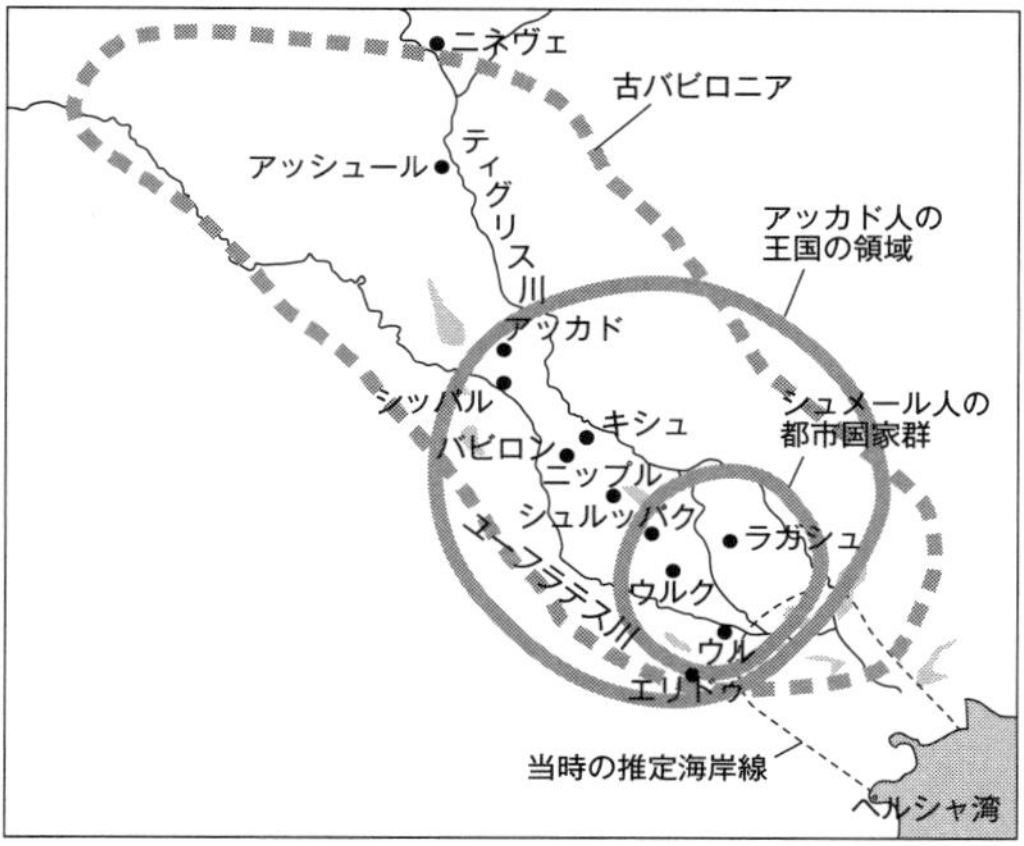

図 1-01　古代メソポタミア地域図

ル（ニムシュ）山と書かれています。アララト山は現在のトルコの東の端、イランとアルメニアの国境の近くにある五〇〇〇メートル超の高山です。一方のニムシュ山は、現在のどの山がそれにあたるのかわかっておらず、研究者の間でも意見がわかれています。いずれにせよ、もし実在の山を指しているのなら、現在のイラクかその近くにある山のはずです。

この話の続きをもう少し見ていきましょう。大洪水の水が引いていったので、どこかに地面が現れたか確かめるシーンですが、ここではノアの箱舟の物語と比較できるよう、ギルガメシュ叙事詩と創世記とを続けて紹介します。

七日目がやって来ると、私は鳩《はと》を解き放してやった。
鳩は立ち去ったが、舞いもどって来た。
休み場所が見あたらないので、帰ってきた。
私は燕《つばめ》を解き放してやった。燕は立ち去ったが、舞いもどって来た。
休み場所が見あたらないので、帰ってきた。
私は大烏《おおがらす》を解き放してやった。大烏は立ち去り、水が引いたのを見て、
ものを食べ、ぐるぐるまわり、カアカア鳴き、帰って来なかった。

——『ギルガメシュ叙事詩』より（矢島文夫訳）

四〇日たって、ノアは（……）烏を放した。烏は飛び立ったが、地上の水が乾くのを待って、出たり入ったりした。（……）
更に七日待って、彼は再び鳩を箱舟から放した。鳩は夕方になってノアのもとに帰

って来た。見よ、鳩はくちばしにオリーブの葉をくわえていた。ノアは水が地上からひいたことを知った。彼は更に七日待って、鳩を放した。鳩はもはやノアのもとに帰って来なかった。

――『創世記』八：六―一二（新共同訳）

図 1-02　ボナヴェントゥーラ・ペーテルス、〈大洪水〉、17 世紀前半、個人蔵

どうでしょう。このふたつの記述にかなりの共通点があることに気付かれたと思います。ウタ・ナピシュティは、鳩↓燕↓大鳥の順で、そしてノアは烏↓鳩↓鳩の順で鳥を飛ばしています。微妙な違いはありますが、鳥を三度空に放つ点は一緒ですし、「七」という数字が出てくるところも同じです。どちらかがもう一方を知ったうえで書かないと、両者はここまで似ていないはずです。

●旧約聖書の大洪水

ではまず立ち戻って、よく知られた「ノアの大洪水」の物語をあらためて整理し確認しておきましょう。

神によって創られた人間は、地上に増え続け、悪事をはたらくようになっていきます。それをみて神はいったん全人類を滅ぼそうとするのですが、信心深いノアとその家族だけを残すことにしました。そしてノアたちは、洪水が来ることを告げられ、箱舟を造るよう命じられます。自分で人類を創っておきながら出来が悪いと廃棄というのはいくらなんでも、という気がしますが、旧約聖書にかぎらず、この手の「リセットボタン」的エピソードを世界中の神話にみることができます。旧約聖書の神は何度もこういうことをするので、とりわけその理不尽さが目立ちます。

さて旧約とは、「旧い契約」という意味で、後にキリスト教徒たちが自分たちの「新たな契約」たる新約聖書と対比させる形でつけた呼び名です。つまり、救世主たるキリストがあらわれてから神と結ばれた契約が新約であり、実際に新約聖書の中心をなす四つの福音書群はすべてキリストの伝記とその教えを記したものです。キリストが人間イエスとして地上で活動したとされるのが一世紀前半ですから、四福音書はその後に書かれたものです。

一方の旧約聖書は、キリスト教徒にとっての聖典でもありますが、本来はユダヤ民族のための聖典です。もちろん彼らは自分たちの聖典のことを「旧い契約」とは呼んでいません。この書は大きく分けて、「トーラー」と呼ばれる律法書、「ネビィーム」と呼ばれる預言者の書、「ケトゥビーム」と呼ばれる諸書の三部から構成されるので、ユダヤの人々はそれらの頭文字を集めて「TNK（タナッハ）」と総称しています。

このうち、「トーラー」はさらに五つの書に分けられ、それらはモーセが書いたとされているため「モーセ五書」とも呼ばれます。この五書は「神話」と「神との契約内容」、「ユダヤ民族の成立史」からなり、神話的内容を記した最初の書がここでとりあげている『創世記』にあたります。内容的にも、そしておそらく編纂《へんさん》された順序においても最も古いものと考えられていますが、「ノアの洪水」部分だけでも明らかなように、記述内容の多くにはベースとなる先行テキストがあるのです。

ここで、創世記のノアの物語に書かれている「日数」に注目してみましょう。神はノアに対し、七日後から、四〇日間雨を降らせると告げます（『創世記』七―四、新共同訳、以下同様）。そのお告げのとおりに、「洪水は四〇日間地上を覆った」（同、七―一七）。しかしその後、「水は一五〇日の間、地上で勢いを失わなかった」（同、七―二四）とあり、箱舟はアララト山の頂にとまります。ノアは、それから「四〇日たって」（同、八―六）、ようやく先に見たように天に向かって烏を放します。

七という特徴的な数字だけでなく、ここには四〇と一五〇という数字が登場します。こうしてみると何の疑問も生じませんが、四〇日間雨が降って、一五〇日間水がひかず、その後にようやく箱舟が山に停まるのですが、さらにそれから四〇日待つというもどかしい行動をノアはとっています。やや不可思議にも思えるこのくだりが特徴的なのですが、こうした点に関する疑問は早くから指摘されていました。

聖書に関する研究は、キリスト教圏である欧米でこれまで盛んにおこなわれてきました。そこで明らかにされたのは、ノアの洪水の記述部分である『創世記』の六章から八章までが、ふたつの物語をつなぎあわせたものだということです。ひとつは紀元前八世紀頃に成立した「ヤハウェ的資料（これを略してJ資料と称します）」と呼ばれる物語、もうひとつが紀元前六世紀頃に作られた「祭司的資料（同様にP資料と称します）」と呼ばれるものです（諸説あります）。先の例で言えば、四〇日という数字は「ヤハウェ的資料」から、そして一五〇日という数字は「祭司的資料」から来たということになっています。つまり、もとはそれぞれ「四〇日雨が降り、降りやんでからも四〇日水がひかなかった」という物語と、単に「一五〇日洪水が続いた」という物語があり、それらを合体させて作り上げられたと考えられるのです。

図1-03　アララト山をアルメニア側から望む（撮影：毛塚実江子）

整理すると、「ノアの洪水」の物語は、いくつかの先行テキストをベースに創られていること、そしてその記述と『ギルガメシュ叙事詩』のそれとの間に、非常によく似た部分があるということが言えます。この事実は、古代文明の成り立ちを見るために非常に有益なものとなるので、次節からさらに詳しく見ていきましょう。

2　洪水伝説をつなぐ「神のこまかな指示」

キリスト教圏の国に生まれた人ならいざしらず、日本人で旧約聖書をちゃんと読んだ人はあまり多くないでしょう。そのため、ノアの洪水のようなよく知られた話でも、意外と知らないことが多いものです。そのひとつに、箱舟のサイズが実ははっきりとわかっている点が挙げられます。ちょっと長くなりますが、神がノアに箱舟の造り方を指示する箇所を引用してみましょう。

　あなたはゴフェルの木の箱舟を造りなさい。箱舟には小部屋を幾つも造り、内側にも外側にもタールを塗りなさい。
　次のようにしてそれを造りなさい。箱舟の長さを三百アンマ、幅を五十アンマ、高さを三十アンマにし、箱舟に明かり取りを造り、上から一アンマにして、それを仕上げなさい。箱舟の側面には戸口を造りなさい。また、一階と二階と三階を造りなさい。

——『創世記』六：一四—一六

神がことこまかにサイズやレイアウトまで指示している姿を想像すると可笑《おか》しいですね。アンマという長さの単位は、約四五から五〇センチメートルほどに相当します。これは肘から指の先端までの長さを単位としたもので、西洋には昔から「キュビト」をはじめ、「腕一本分」にあたる単位が多く用いられています。たとえば中世からルネサンスにかけてイタリアで使われた単位「ブラッチョ」は、現代イタリア語でも「腕」を意味します。

そこから算出すると、ノアが造った箱舟のサイズは、長さが一三五〜一五〇メートル、幅が二二・五〜二五メートル、高さが一三・五〜一五メートルとなります。ちょうど現代の一万トン級の客船がほぼ同じサイズです。たとえば一九五八年から三代にわたって活躍しているクルーズ客船「にっぽん丸」（商船三井）の初代と二代目は、長さが約一五〇メートルで、定員が約五〇〇名でした。現代でもかなり大きなものですから、ノアの箱舟のサイズは、古代で巨大な船を限界まで想像して割り出された数字なのでしょう。

ただ、世界にはもっと大きな客船もあって、全長約三六〇メートルで二二万トン超、クルーと乗客あわせて定員約六〇〇〇人という、途方もないサイズの船も運行されています（ちなみに戦艦大和で全長二六三メートル、乗員三〇〇〇名超で約七万トン）。いずれにせよ、いかに大きな船であっても、神の指示通りにそこに生きた動物を全種類、ひとつがいずつ載せていったら、すぐいっぱいになりそうです。まあ古代の人々が、微生物などを除いても、動物が少なくとも二〇〇万種もいるなんて知る由もありませんね。

さて興味深いことに、やはり『ギルガメシュ叙事詩』でも神はことこまかに指示をします。

そなたが造らんとしている方舟《ボート》は、その寸法がぴたりと相応しなければいけない。幅と長さが等しくなければならない。（……）

五日目に、私は方舟の外面を設計した。一イクーがその面積、両側面の一〇ニンダが高く聳《そび》えていた。方舟の上部の縁も、それぞれ一〇ニンダで等しかった。

私は、方舟の船体を設計し、そのデザインを描いた。六つのデッキをつけたし、方舟は七つの部分に分けた。その内側は、九つに分割した。(……)私は大量の瀝青《ビトウメン》を溶炉に注入し、三度、大量のアスファルトを(……)。

(岡三郎訳)

図1-04　旧約聖書に基づき再現された「ノアの箱舟」のあるテーマパーク「アーク・エンカウンター(箱舟との遭遇)」、ウィリアムズタウン(アメリカ)、2016年オープン。ちなみにサイズはL155×W26×H16メートル。(写真:アンサーズ・イン・ジェネシス)

一イクーは約三六〇〇平方メートルで、一〇ニンダ(=一〇ガル=六〇メートルほど)を一辺とする正方形の面積に相当します。つまりこの船は長さと幅、高さがすべて等しいサイコロのような形をしています。航行することをもとから想定しておらず、ただ水に浮かんで漂うだけの、文字通り「箱」と呼ぶにふさわしい船です。ただ、六〇メートル四方の立方体の容積は二一万六〇〇〇立方メートルになるので、想定できる最大サイズのノアの箱舟と比較しても、その容積は約四倍にもなります。

とは言え、瀝青の一種が天然アスファルトやコールタールなので、ノアもウタ・ナピシュテイも、瀝青を船材に塗って防水加工を施している点は同じです。あらためて、両者の物語が細部にわたって似ていることが確認できたと思います。

●『ギルガメシュ叙事詩』以前にあったもの

箱舟を造ったのはウタ・ナピシュテイなる人物であり、彼が物語の主人公であるギルガメシュに対して、「ある秘密の事柄を打ち明け」たのが大洪水の物語です。ユダヤ民族はただひとつの神しかもたない一神教ですが、こちらは他の多くの神話と同じく多神教なので、複数の神が登場します。ウタ・ナピシュテイが住んでいたのはユーフラテス川沿いのシュウルパック（シュルッパク）という街で、そこを神々が滅ぼそうとします。

考古学的調査によって、この街が現在のイラク南部のアル・ブダイルからやや南にあるテル・ファラ遺跡にあたると考えられています。この地には、紀元前三千年紀（紀元前三〇〇〇年から前二〇〇一年の一〇〇〇年間のこと）の中期に文明が築かれていたことがわかっています。今からざっと五〇〇〇年前から数世紀間にわたって都市が築かれていたわけですから、世界的に見ても最初期の都市文明の部類に入ります。

わざわざ実在した地名が舞台となっているのですから、ひょっとすると『ギルガメシュ叙事詩』に書かれた洪水伝説は、かつてこの街をおそった大規模な洪水が下地になっているかもしれません。その場合、遺跡がある場所から考えて、メソポタミアを流れる二大河川のうち西側にあるユーフラテス川が氾濫したはずです。そして実際に、紀元前二八〇〇年ごろにこの地域一帯が洪水に見舞われたことも、地質学的調査で明らかになっています。

問題となるのは、この街が紀元前二二世紀頃には放棄されたらしいという点です。前節で、『ギルガメシュ叙事詩』は紀元前一八〇〇年頃にアッカドでまとめられたと書きました。そうなると、彼らは数百年前に失われて久しい街の名を、わざわざ自分たちの神話のなかに記したことになります。つまり『ギルガメシュ叙事詩』に採り上げられた洪水伝説は、書かれた当時の人々のものではなく、もっと古い人々の物語だったかもしれないのです。もうお気づきだと思いますが、このことは、それ自体充分古いはずの『ギルガメシュ叙事詩』にも、さらに古い先行テキストがあったことを意味します。

『ギルガメシュ叙事詩』は、今のイラク地域をイギリスが支配していた頃に発見されました。古代のアッシリア帝国が都を置いていたことでも知られる、イラク北部のニネヴェの遺跡を、一八四九年から五年間かけてイギリスの調査団が発掘したのです。そうしたら出るわ出るわ、二万五〇〇〇枚にものぼる粘土板が土のなかから続々と姿をあらわします。最初彼らはそれを「模様をつけられた土器」の破片と考え、無造作に積み上げてイギリス本国へと送りました。

図 1-05 『ギルガメシュ叙事詩』の粘土板、大英博物館

それらの「模様」こそ、「楔形文字《くさびがた》」とよばれる最古の文字のひとつだったのです。楔形文字については後の章で扱いますが、その解読法がおおよそ確かめられたのは一八五七年のことです。ニネヴェ遺跡の粘土板が発見されたのはそれより少し前ですし、なにしろ粘土がまだやわらかいうちに葦《あし》の茎の尖《とが》らせた先端を押しつけて付ける文字なので、発掘者たちが模様だと勘違いしたのも無理からぬことなのでしょう。

こうして乱雑に運ばれた粘土板の損傷は激しく、少なからぬ量のテキストが失われてしまいました。しかし、古代文字の世界にすっかり魅せられた、ジョージ・スミス（一八四〇―七六年）という当時まだ二十代の若者にとって、残る破片群は宝の山に見えたのでしょう。彼はそれまで紙幣を印刷するための原版を彫る仕事をしていたのですが、残る破片をつなぎ合わせ、おまけにそこに書かれていた内容を明らかにすることに成功しました。こうしてスミスによって、古《いにしえ》の洪水物語の存在が一八七二年の聖書考古学学会で発表されたのです。ノアの洪水に先行する洪水神話の発見は大きなニュースとなり、それ以来、メソポタミアの古代文化に関する発掘と調査、整理と解読に拍車がかかりました。

3　最古の洪水神話

その後も、多くの粘土板が発見され、解読されてきました。とりわけ、ニネヴェから膨大な数が出土していますが、これは紀元前七世紀を生きた新アッシリア王国のアッシュールバニパル王が、それまでバビロニアで知られていた文学作品のほとんどすべてを書記に写させて、一種の図書館を作ったおかげです。この種の写本はひとつだけではなく、たとえば『ギルガメシュ叙事詩』に関連する粘土板は他の場所からも数種類発見されています。

『ギルガメシュ叙事詩』は一二の書板からなり、近年、アンドリュー・ジョージ（一九五五年―）という研究者によって、各破片の校訂を経て全書板の行番号が通しで付されました（二〇〇〇年ペンギン・ブックス、二〇〇三年オックスフォード大学出版局）。日本では矢島文夫（一九二八―二〇〇六年）（一九六五年山本書店版）と月本昭男（一九四八年―）（一九九六年岩波書店版）の二種類の訳が知られていますが、最新のジョージ改訂版からの訳も岡三郎（一九二九年―）によりなされています（二〇一四年国文社版）。ちなみにウタ・ナピシュティの洪水物語は第一一の書板に記されています。

こうして二大河流域一帯から続々と粘土板断片が発掘されていきました。それらの年代の特定法には、もちろん出土地の放射性炭素による年代測定といった科学的な方法もとられていますが、主として楔形文字の変化による特定が決め手となっています。後の章でもとりあげますが、楔形文字とひとことで言っても、一〇〇〇年以上も同じ形のものがずっと使われていたはずもなく、時代と地域によってさまざまに変化していきます。こうした変遷に関する研究もさかんにおこなわれ、各断片がいつ頃どこで書かれたものかおおよそ明らかになっています。

楔形文字を最初に用い始めたのはシュメール人で、おそらく紀元前三千年紀の初めごろから徐々に文字が整えられていきました。彼らの文明自体は紀元前二〇〇〇年頃にはほぼ衰退してしまうのですが、後にメソポタミア地域で栄えたセム系民族の間で、このシュメール語の文化自体は細々とではありますが生き続けることになります。シュメール語とセム系言語は文法構造からして異なるのですが、後発のセム系民族は先行文明であるシュメールから多くの文化を学んで採り入れており、その過程で多くの語や表記がシュメール語から入り込みました。シュメール語はその文明と共に消滅するのですが、後にヨーロッパで、ローマ帝国の公用語だったラテン語が、帝国滅亡後、ルネサンス時代になっても教会内や公的文書で用いられ続けたのと同様に、古典言語としてその後二〇〇〇年以上存続しました。

現代における代表的なセム系言語はアラビア語ですが、最も古いセム系言語がアッカド語です。シュメール語と同じく楔形文字によって表記され、アッシリアやバビロニアの各国で用いられた、古代メソポタミア世界を代表する公用語となりました。先に見た『ギルガメシュ叙事詩』なども、このアッカド語で記されています。

興味深いのは、先述のアッシュールバニパル王の図書館のように、古代セム系国家の間で、神話などの文学を書き写して保存する文化があったことです。そしてその際、書記官ら知識階級の間ではまだシュメール語の知識が伝えられており、シュメール語のまま書き写された粘土板が多数作られました。

それらのうち、最も古い伝説を書き留めたと推測される粘土板が、二大河のやや下流域にあったニップルという都市で発見されました（シュルッパクのやや北側に位置）。ニップルに古代の寺院があり、そこにも一種の図書館があったおかげです。書板自体は紀元前一六〇〇年ごろに作成された写本ですが、前述した推定法によれば、失われた原本に書かれていた内容は、それよりさらに一〇〇〇年ほど前に出来上がったものだと考えられるのです。

●ジウスドラの洪水神話

その物語「ジウスドラの洪水神話」にはかなりの欠落部分がありますが、それでも三〇〇行ほど残っています。そこではまず、天よりくだってきた王によって、最初の五つの街が建設されます。それらはエリドゥ、バドティビラ、ララク、シッパル、そしてシュルッパクの五都市ですが、『ギルガメシュ叙事詩』におけるウタ・ナピシュティの箱舟の舞台となったシュルッパクが、やはりここでも洪水伝説の舞台となります。

図 1-06 「ジウスドラの洪水神話」が書かれた粘土板、紀元前 17 世紀、焼成粘土板に楔形文字、ニップル出土、ペンシルヴェニア大学博物館

主人公はシュルッパクの王ジウスドラです。理由は定かではありませんが（欠落部分に書かれていたと思われます）、神々は人類の種を滅ぼすために大洪水を起こす決定をくだします。しかし、数多くの神のなかにはそれを悲しむ者もいて、女神イナンナ（愛と豊穣《ほうじょう》の女神でアフロディーテ〈ウェヌス／ヴィーナス〉の原型となったとも考えられています）は人々のために哀歌をつくって弔いとします。そして知恵の神エンキは、実

際に行動を起こします。彼はジウスドラにこれから起こることを打ち明けます。この時、神はジウスドラに壁の近くに立って、壁越しに話を聞くように命じます。つまりエンキ神はひとりごとを口にし、ジウスドラがたまたまそれを耳にしたという形式を装うのです。


壁のかたわらのわたくしの左側に立ちなさい……

壁のかたわらで、わたくしはあなたに語るでありましょう（……）。

わたくしたちの……によって、大洪水が礼拝の中心部を襲うでありましょう。

人類の種を滅ぼすために……

これは「神々の」会合の決定であり、意志です（……）。

七日（と）七晩のあいだ、大洪水は地に流れこみ、（そして）大きな舟が大海にあって大風にゆられていた。ウトゥが現れて、かれは天地に光をそそいだ。ジウスドラは大きな舟の窓を開き、英雄、ウトゥは巨大な舟の内部に光を投入した。王、ジウスドラは、ウトゥのまえにひれふした。

――シュメール版ジウスドラの大洪水物語より（波木居斉二・矢島文夫訳）

大洪水が神によって決定されること、人がひとり選ばれて秘密を明かされること、巨大な船を造ること、七という数字が登場すること。いずれもその後の洪水伝説にピタリと一致します。船の形状やサイズはどうだったのか、設計まで神の指示によったのかは書かれておらず、あるいはそれらに関する記述部分が失われただけかもしれません。

また、鳥によって調べるのではなく、太陽神ウトゥが射し込んだ光によって洪水が終了したことを知らされるくだりだけが他の伝説と大きく異なります。以下は筆者の推測ですが、嵐を起こした黒雲が去り、当然ながら太陽光が降り注ぐことで嵐が過ぎ去ったことがわかるので、シュメールの最古の洪水神話はこのシンプルな形をとっています。そしてシュメールをはじめ多くの神話において「天＝神」ですから、空を飛んで地上に降りる鳥たちは神の使いのようにみなされます。そのため、もともとの「天からの（太陽光による）報《しら》せ」が、ある時点で「天からの報せ＝鳥が伝達」の図式と重ねられたのだと思います。

先に見たとおり、シュルッパク一帯の地域は実際に紀元前二八〇〇年頃に洪水に見舞われていますから、この最古の洪水伝説であるジウスドラの物語の原型を、本当に紀元前二五〇〇年前後まで遡ることができるのなら、ジウスドラの物語は現実に発生した洪水の記憶がまだ色あせないうちに作られ始めたはずです。ひょっとすると、当時、現実に洪水をもたらした嵐も本当に七日間続いたのかもしれません。もしくは、二大河は何度も氾濫し、流れを変えてきたことがわかっていますから、特定の一回だけではなく、幾たびも起こった洪水の記憶が、ひとつの洪水伝説へと象徴的に集約された結果だと見る方が正しいような気もします。

●アトラ・ハシースの洪水伝説

『ジウスドラの洪水神話』をベースに創られたいわゆる二次創作もののひとつで、『ギルガメシュ叙事詩』と同様にアッカド語で書かれた物語がもうひとつ伝えられています。この物語の主人公は、「大賢者」を意味するアトラ・ハシース（アトラクハシス）です。ニネヴェのアッシュールバニパル王の図書館跡から見つかった断片と、古代の都市シッパルのアブ・ハッバー遺跡から出土した断片とがあります。前者では、知恵の神エア（ウタ・ナピシュティに教える神と同一）がアトラ・ハシースに知らせます。

船に入って扉を閉めなさい。おまえの穀物、おまえの品物、おまえの財産、おまえの（妻か）、おまえの家族、おまえの親族、それにおまえの手職人、野の家畜、野のけだもの、それと同じ数の食べられる野草を積みこみなさい。

――アッシリア版アトラ・ハシースの大洪水物語より（星野徹訳）

ノアに命じた旧約聖書の神と違って、箱舟に乗り込んだ生きものたちの食料までちゃんと配慮がなされている点が親切ですね。さらにこの物語の独特なところは、これに対してアトラ・ハシースがこれまで船を造ったことがないので、設計図を地面に描いてほしいと頼むくだりです。エア神はここでも親切で、ちゃんと応じて設計図を描いてあげています。

一方、シッパルで出土したふたつの粘土板断片は、残存行数はわずかですが、非常に重要な情報が含まれています。というのも、それらの断片には、それらがエリト・アヤという書記官によって、アミ・サドゥカ王の治世一一年目と一二年目に書かれたとそれぞれ記されていたからです。この王は紀元前一六四七から一六二六年にかけて王位にあったので、粘土板はそれぞれ、紀元前一六三六年と一六三五年に書かれたことになります。たしかに『ギルガメシュ叙事詩』に劣らぬ古い歴史をもち、ほぼ同時期に形成されたため、それらの間には共通点が多いと言えるでしょう。

4 ギリシャから地中海世界へ

かれ（＝アルダテースの子クシストロス）の治世に大洪水が起った。（……）舟を造り、親類親友とともにその中に入り、食物と飲料を積み、動物、鳥、四足獣も入れ、すべて用意の整ったのち、舟を出すように命じた。（……）その長さは五スタディオン、幅は二スタディオンであった。（……）

大洪水が起って、やがて終った。クシストロスは数羽の鳥を放った。しかし食物もとどまるべき場所も見あたらないので、舟に帰って来た。数日の後、クシストロスは数羽の鳥をふたたび放った。鳥は脚に泥をつけて舟に帰って来た。三度目に放ったが鳥はもはや舟に帰って来なかった。

――バビロンの祭司ベロソスによる失われた『クシストロスの洪水物語』のアルメニア語訳より（波木居斉二・矢島文夫訳）

またひとつ、これまで見てきた洪水伝説とよく似た別のヴァージョンの物語が出てきました。これはもともとバビロンの神官ベロソス（ギリシャ風にベーローッソス、またはアッカド風にベルレウシュ）が伝えた話として、紀元前二七五年頃にギリシャ語で著された書物に記されていました。すでにアレクサンドロス三世（アレキサンダー大王）による東征以降の時代なので、基になったベロソスの本もおそらくギリシャ語で書かれていたと思われます。

ベロソスの書自体はその後失われたのですが、紀元前一世紀のギリシャの歴史家アレクサンドロス・ポリュイストールが同書からの抜粋を書き留め、それを四世紀初頭のエウセビオスが自らの『年代記』に引用しています。さらに、九世紀のシュンケロスによってもこの物語は伝えられているのですが、そのほぼ完全な状態からのアルメニア語訳が知られています。ここに引用したのは、そのアルメニア語訳をもとに、ギリシャ語断片と補完させながらエドゥアル・ドルムが作成した版からの邦訳です。

物語の舞台はシッパルです。シュメールの神話で最初に建設されたとされる五都市のひとつで、先述したように古代遺跡から粘土板断片が出土した地のひとつです。鳥を三度放って地を探すくだりなどは、ウタ・ナピシュティとノアの洪水伝説と非常によく似ています。船のサイズがわかっている点も似ていますが、驚くのはその大きさです。一スタディオンは古代ギリシャの古い距離単位で、時代と地域によって多少の違いはありますが、およそ一八〇メートルほどの長さに相当します。ということは、クシストロスが造った船は、全長なんと九〇〇メートル、全幅三六〇メートルにも達します。現代で全長が最も長い船ノック・ネヴィス（ノルウェーの原油タンカー）の約二倍！　これだけ巨大であれば、主要な動物たちをあらかた乗せることができそうな気もしてきます。サイズに関する想像力の限界も、時代を下って世界が広がるに応じて、徐々に拡がっていったのかもしれません。

ベロソスの物語で注目すべき点のひとつが、登場人物の名前についてです。まず主人公に計画を告げる神ですが、クロノスと書かれています。これはギリシャ神話の創始期の神のひとりで、「時」の神です（英語のクロノメター＝時計、などの語源にもなっています）。メソポタミアのアッカド地方の都市シッパルでの出来事のはずなのに、ギリシャ神話の神が告げているのです。

この物語は、成立時期も伝達期間も、これまで紹介してきた洪水伝説より後世のものです。しかし重要なことは、これの成立時と伝達期も、主としてギリシャ語で伝えられた点です。アレクサンドロス三世大王についてはまた後章で触れることになりますが、彼の東征によって、ギリシャ文化圏が拡がり、メソポタミアやエジプト、そしてペルシャやインダス川流域の文明圏までがいったん統一国家の下に入りました。そのため各文化圏で培われた知識や芸術が融合し、影響しあう結果となります。ベロソスによる洪水伝説とその後の伝播《でんぱ》経路は、まさにアレクサンドロス三世大王による大統一をきっかけとした融合文化（ヘレニズム）がもたらした一現象だと言うことができます。

また、主人公の父アルダテースは、アルメニア語版ではオティアルテースと表記されます。『ギルガメシュ叙事詩』のウタ・ナピシュティの父はウバラ・トゥトゥという名でしたが、版によってはオパルテースと表記されています。両物語の主人公の父の名がなんとなく似ていることに気づかれたと思いますが、実際に前者は後者を下地のひとつとして形成されたものと考えられます。同様に、主人公のクシストロス（クシスゥトロス）の名も、もとを辿《たど》ればジウスドラに行き着きそうです。

●ギリシャ・ローマの洪水神話

ゼウスが青銅時代の人間を滅ぼそうとした時に、プロメーテウスの言によってデウカリオーンは一つの箱船を建造し、必要品を積み込んで、ピュラーとともに乗り込んだ。ゼウスが空から大雨を降らして（……）洪水で以《も》て覆ったので、近くの高山に遁《のが》れた少数の者を除いては、すべての人間は滅んでしまった。（……）デウカリオーンは九日九夜箱船に乗って海上を漂い、パルナーッソスに流れついた。そこで雨がやんだので、箱から下りて避難の神ゼウスに犠牲《いけにえ》を捧《ささ》げた。

図1-07　アントニオ・カラッチ、〈大洪水（青銅時代の終わり）〉、1616-18年、パリ、ルーヴル美術館

――アポロドーロス、『ギリシア神話』より
（高津春繁訳）

これは一世紀か二世紀に『ビブリオテーケー（ギリシャ神話）』を著した、「偽《プセウド》アポロドーロス」（もうひとりのアポロドーロスと区別するための名）による洪水神話です。ギリシャ神話を著したものには、紀元前八世紀末頃の人物と伝えられるホメロスやヘシオドスが知られていますが、それらの著作には洪水の物語は記されていません。しかしここに引用した偽アポロドーロスのように、後世のものではあるものの、ギリシャ神話の代表的な書物のひとつに、メソポタミア起源の洪水伝説の影響を見出すことができます。

ホメロスやヘシオドスにはなくて、偽アポロドーロスにあるのは、つまりはその間にギリシャ圏に洪水伝説が伝わったことを示しているのかもしれません。そしてそのきっかけになるものがあるとすれば、先に挙げたアレクサンドロス三世大王による一大帝国の成立のはずです。それによって、中東地域からエジプトに至る広い範囲がすべてギリシャ圏に取り込まれたからです。

さて引用文中の「青銅時代」とは、人間の「逆進化論」とでも呼べる概念で、人間は誕生直後が最も完成度が高く、その後徐々に劣化したとする史観を映した用語です。人類は「黄金→銀→青銅→鉄」の四時代を経てきており、青銅時代はとくに凶暴さが目立ったとされていました。堕落した青銅時代の人間に我慢がならなくなった神が人類を洪水で滅ぼそうとすること、神（プロメテウス神はデウカリオーンの父ですが）の助言に従い箱船を造ること、山地で停止することなど、ここにはジウスドラ伝説から脈々と伝えられた物語が骨子をなしています。「七日」が「九日」に変わっていたりはしますが。

同様の例を、紀元前一世紀末から一世紀初頭のローマで活躍した大作家オウィディウスの著作のなかにも見ることができます。彼の代表作となった『メタモルポーセース

（変身譚《へんしんたん》、メタモルフォーゼ）』に記された、やはりデウカリオーンとピュラー夫婦の物語です。ローマ神話の最高神ユピテル（ギリシャ神話のゼウスに相当）は、人間たちを洪水によって滅ぼすことに決め、神々に手伝わせながら大地を水で覆います。ここでも父であるプロメテウス神の助言をうけたデウカリオーンとその妻ピュラーだけが生き残ります。ただ彼らは箱船ではなく、小さな筏《いかだ》に乗っています。

ユピテルは、世界が一面の水におおわれていて、無数の男たちのなかでひとりだけが生き残り、同じく無数の女たちのなかで、やはりひとりだけが生き残っているのを目にした。ふたりとも汚れを知らず、ふたりとも信心深いことも見てとれた。そうと知ったユピテルは、雲を引き裂き、北風に雨雲を吹き払わせると、天に地を、地に上空を開示した。

——オウィディウス、『変身物語』より（中村善也訳）

ローマ神話とギリシャ神話はもともと異なるものですが、ベースとなる先行神話の多

（成立時期及び）記録時期	言語	特記事項
BC2800頃		シュルッパク周辺（ユーフラテス川沿岸）
(BC2500頃？)→BC1600頃	シュメール語	シュルッパク、7の数字
(BC1800頃)→BC7C	アッカド語	シュルッパク、鳥を三度放つ、箱船（サイズ付き）、7
BC1636、35＋BC7C頃	アッカド語	箱船（神が設計）
BC8C頃（J資料）＋BC6C頃（P資料）	ヘブライ語	鳥を三度放つ、箱船（サイズ付き）、7
BC275頃(→AD9C)	ギリシャ語(→アルメニア語)	鳥を三度放つ、箱船（サイズ付き）
(BC3～2C？)→AD1か2C	ギリシャ語	箱船、9
BC1C末～AD1C初頭	ラテン語	筏

くを共有していたこともあり、またローマが積極的にギリシャ文化を採り入れたこともあって、非常によく似た構造を持っています。ただ、やはり洪水神話がローマ神話の一部となるまでには、地理的・時間的にギャップが大きく、偽アポロドーロスと比較しただけでも、オウィディウスのほうが起源的な洪水神話との違いが大きいことがわかります。

もちろん偽アポロドーロスの執筆時期はオウィディウスより前ですが、メソポタミアの文化がローマに至るまでには途中でギリシャ圏を経る必要があ

地域・民族	物語名	主人公	告知の神
シュメール	（史実としての洪水）		
シュメール	ジウスドラの洪水神話	ジウスドラ	知恵の神エンキ
アッシリア	『ギルガメシュ叙事詩』	ウタ・ナピシュティ	知恵の神エア
アッシリア・バビロニア	アトラ・ハシースの洪水神話	アトラ・ハシース	知恵の神エア
ユダヤ	『創世記』	ノア	ヤハウェ（旧約の神）
バビロニア	ベロソスの書	クシストロス	クロノス
ギリシャ	偽アポロドーロス『ビブリオテーケー』	デウカリオーン	プロメテウス
ローマ	オウィディウス『変身譚』	デウカリオーン	プロメテウス

図 1-08　各地の洪水伝説

るので、ギリシャで醸成されて偽アポロドーロスの「ネタ」となった神話の方が、ローマに入って後にオウィディウスの創作の「ネタ」になった神話よりも古いと断定できます。そのために、ギリシャまでは箱舟だったものが、ローマでは筏になったり、最初「七」だった数字が「九」になって、ローマでは数字自体が消滅してしまったりしているのでしょう（もちろん作家としての独自性が強いオウィディウスによる創作部分もあるでしょうが）。

さらに、紀元前八世紀のホメロスやヘシオドスは触れていない洪水物語を、一世紀か二世紀の偽アポロドーロスとほぼ同時期のオウィディウスらが採り上げているということは、その数百年の間に、メソポタミア起源の洪水伝説が地中海地域へと伝えられて、後者の「ネタ元」になったと考えられます。であれば、そのきっかけとなった出来事として最もふさわしいのは、やはりアレクサンドロス三世大王の東征だと思います。彼の大統一によってメソポタミアがいったんギリシャ文化圏内に取り込まれましたから、同地域の伝承が地中海に持ち込まれたとしても不思議ではないはずです。この見方がもし正しいとすれば、地中海世界に伝わって偽アポロドーロスらにとっての（今は失われた）「ネタ元」が出来上がったのは、東征以降の紀元前三世紀から、オウィディウスらが登場するよりも前の、すなわち紀元前二世紀にかけての時期のことと推定できるでしょう。

ではここで各地の洪水伝説とその順序について、あらためて整理しておきましょう。

今から約四八〇〇年前にメソポタミアで発生した大規模な川の氾濫が、おそらく最初は口承で伝えられ、後に文字として記されて洪水の物語として成立しました。そして当事者だったシュメール人が滅亡した後も、その地を引き継いだセム系語族によって洪水伝説はかなり正確に伝えられ、独自の文学作品として成立します。興味深いことに、それが宗教体系をまったく異にするユダヤの民族の聖典に採り入れられます。

その後、アレクサンドロス三世大王の東征によって、いったんギリシャ文化圏がメソポタミアを覆います。この期間自体は短かったものの、これをきっかけにメソポタミア起源の洪水伝説がギリシャへもちこまれ、さらにその後地中海に覇権をうちたてるローマへと引き継がれたのです。地域と時代が離れるごとに物語の原型から外れる事項も増えてはきますが、それでも数千年間を経て同じ伝説がずっと生き続けたことには驚きを隠せません。

いわゆる西洋の文化は、メソポタミアと後述するエジプトをいわば父と母として生まれたと言うことができます。その長い長い歴史のなかに、両親の記憶が脈々と受け継がれ続けたことを、洪水伝説ははっきりと証明してくれています。

第二章

なぜ巨大遺跡は古代にしかないのか

——神と王と民の権力構造

クフ王のピラミッド、ギザ（エジプト）

1　バベルの塔――高層建築と民の物語

世界中は同じ言葉を使って、同じように話していた。(……)彼らは、「さあ、天まで届く塔のある町を建て、有名になろう(……)」と言った。主は降《くだ》って来て、人の子らが建てた、塔のあるこの町を見て、言われた。「彼らは一つの民で、皆一つの言葉を話しているから、このようなことをし始めたのだ。(……)我々は降って行って、直ちに彼らの言葉を混乱させ、互いの言葉が聞き分けられぬようにしてしまおう。」

――『創世記』一一:一―七(新共同訳)

よく知られた「バベルの塔」の物語です。人類は自らの力を過信するあまり、天にまで届くような高い塔を建てようとします。それを見た神は塔を破壊し、全人類が一緒になってそのような企てを二度と試みることのないよう、言語をバラバラにした、というストーリーです。

図2-01　ピーテル・ブリューゲル（父）、〈バベルの塔〉、1563年、ウィーン、美術史美術館

幼い頃、特にキリスト教系の保育園や幼稚園に通われた方なら、保育士の先生が語ってくれたことをご記憶だと思います。筆者もそのひとりなのですが、その時には、よくわからないまでも「なんだか壮大なスケールの話だな」という印象を漠然と抱いた覚えがあります。よくお昼寝の時間にお話をきかせてくれた保育士さんは、「人間、おごり高ぶってはいけないということよ」という教訓として語っていたような気がします。

この物語はその壮大なイメージのせいでしょうか、世界中で広く知られており、絵の題材としてもよく採り上げられてきました。なかでも、一六世紀のフランドル地方（現在のベルギー）で活躍した画家ピーテル・ブリューゲルの作品はよく知られています（図2-01）。どこまでも広がる風景をバックに、雲を突き抜けるほど高くそびえる塔には、無数の人々が描かれ、皆懸命に作業をしています。画家が生きていた時代の建築技術をしのばせる起重機など、非常に細かなところまで緻密に描かれているので、印象では巨大な絵画作品を想像してしまいます。しかし実際にはこの絵は幅が一五五センチメートルほどしかなく、だからこそ画家の卓越した細密技法に驚かされます。

ところが、この聖書の物語を実際に読んでみると意外なほど短く、記述もドラマティックなものではなく、実にあっさりと書かれています。そこでは、人間たちは別に神に挑もうなどと考えてはおらず、ただ名を揚げたいがために塔を建て始めます。そして神も塔そのものを破壊していないので、塔は放置されて崩壊するにまかされてしまったということなのでしょう。

またブリューゲルの絵の画面左手前で、丈の長いマントを羽織っている人物はニムロド王といい、バベルの塔の建設を企画した人物ということになっていますが、このくだりも聖書には書かれていません。トーラー（ユダヤ教の律法書）が書かれた後、それに解釈を加えた「ミドラーシュ」と呼ばれる一種の注釈本がいくつか作られたのですが、そこに書かれたニムロド王に関する記述を受けたものです。オリジナルの聖書の原文ではわりと淡白に表現されていたものが、後世いろいろとドラマティックな脚色を加えられていったことがわかります。

しかし、こうした脚色も含めて、この聖書の記述は特にふたつの点において重要です。ひとつは、これが「神話の説明機能」を示す一例になっている点です。聖書のような宗教説話や神話伝承などの多くには、人間が根本的に抱く疑問に対し、回答や説明を用意するという機能があります。そうした視点から見れば、バベルの塔の逸話は、「なぜ様々な言語があるのだろう」、あるいは「なぜ様々な民族がいるのだろう」といった疑問に対する説明になっていることがおわかりだと思います。

もう一点は、この記述部分が、やはり古代の文明の形成過程や影響関係を推測させる好例になっている点です。引用した部分をよく読んでみると、ここには本来聖書にはあってはならない文言が入っていることに気付かれると思います。それは、神が自ら

「我々は」と口にしている点です。

『創世記』はユダヤ教の聖典であり、ユダヤ教から生まれたキリスト教やイスラム教の聖典の一部ともなっています。それら三宗教には、他のほとんどの宗教には無い「一神教」という特質があります。読んで字のごとく、ひとつの神だけを信じる宗教のことです。現代の世界では、キリスト教とイスラム教が、最も信者の数が多い宗教の一位と二位なので、一神教はごく当たり前のように受け容れられていますが、人類の長い歴史のなかではそれらは非常に例外的であって、他のほとんどの宗教は複数の神をもつ「多神教」の構造をしています。

こうした宗教間の話はまた後の章に譲るとして、ここで確認しておくべきことは、一神教の聖典であるはずの旧約聖書に、神が自らのことを「我々」と呼ぶ箇所があるという点です。これは日本で最も用いられている新共同訳（カトリックとプロテスタントという二派が共同で訳したためこう呼ばれます）版聖書が底本とした、ヘブライ語聖書の原文でも一人称複数形で書かれています。

この矛盾に対して、いくつかの説明がなされてきました。最も支持されているのは、神はセラフィム（天使の一種）に対して話しかけているというものです。しかし、批判をおそれずに言えば、すでに前章で見た洪水伝説と同じような現象がここでも起きたと見るべきだと考えます。つまり、この物語にもベースとなるような言い伝えがあり、それらが多神教の民族のものだったため、それが採用されてユダヤ民族の聖典として編纂《へんさん》される際にもそのまま残ったとみる方が合理的ではないでしょうか。

●バビロンにあった高層建築

さて『創世記』には、言葉がバラバラになって混乱したため、「バベル」と呼ばれるようになったと書かれています。「混ぜる」を意味するヘブライ語が「バーラル（balal）」だからというわけなのですが、バベルの音と似ているようでそうでもない感じがすると思います。実際に、「バベル」にはもっと近い言葉があります。それがアッカド語で「神の門」を意味する「バブ・イル（bab-il）」であり、この名で呼ばれた古代の街、すなわち「バビロン」です。

バビロンは現在のイラク中部、首都バグダードから一〇〇キロメートルちかく南に下ったところにあった都市です。古くからユーフラテス川の河岸に発達して大いに栄えた街で、すでに紀元前一九世紀にこの街を都とする王朝が始まっています。これを便宜上「古バビロニア」と呼び、時おり二大河上流域にあるアッシュールを中心地とする「アッシリア」からの支配を受けつつも、バビロンは一貫して古代メソポタミアを代表する中核都市として栄え続けました。そして紀元前六二五年、それまで「新アッシリア王国」の支配をうけていたバビロンを、ナボポラッサルという人物率いるバビロニア勢力が奪取し、王朝を再開します。これを「新バビロニア」と呼んでいます。

このナボポラッサル王が書き残させた碑文が残っています。

主、マルドゥクはバビロンの階層のある塔、エテメンアンキについてわたくしに命じた。この塔はわたくしの生れるまえに損傷荒廃していたので、その基礎を地下深くかため、その頂上を天にとどかせよというのであった。

——ナボポラッサル王碑文より（パロによる。波木居斉二・矢島文夫訳）

かつてバビロンには「エテメンアンキ」と呼ばれる、バビロニア神話などに登場する主神ベル・マルドゥクの神殿として建てられた多層の塔がありました。この碑文によると、この塔の改修の実施を王が誇らしげに記録させています。その塔は王の時代のずっと前からそこに存在していて、またそうした改修工事が王のなすべき大切な事業のひとつであったことがわかります。

エテメンアンキに関しては、その寸法などに関する情報を紀元前二二九年に書き写した粘土板が、一九一三年に発見されています。それによれば塔は七層構造で、一階部分は一辺が九〇メートルの正方形の形状をしていて、三三メートルの高さがありました。第二階は少し小さくなって一辺七八メートル、高さ一八メートル。以降も徐々に小さくなって、最終的には一辺が二四メートル、高さ一五メートルある第七階にいたります。これら七層の高さをすべてあわせると、九〇メートルになります。つまりこのエテメンアンキなる建物は、縦も横も高さもすべて等しく九〇メートルあり、真横から見ると少し縦長の二等辺三角形をしていたはずです。

一辺九〇メートルの正方形の建物といえば、東京の永田町にある国立国会図書館の本館がちょうどそのサイズに相当します。日本で出版されたすべての本が所蔵されている場所なので筆者のような研究者にとってはお馴染《なじ》みの場所ですが、とても大きなものです。そのような巨大な建造物が、今から二五〇〇年以上前にあったとしたらどうでしょう。他の街からバビロンを訪れて、その塔を初めて目にした人々の驚きはどれほど大きかったことでしょう。

この塔に関する記録は他にもあって、紀元前四六〇年頃にこの地を訪れたギリシャの歴史家ヘロドトスによるものはよく知られています。彼は一辺を一スタディオン（約一八〇メートル）とやや誇張して記してはいますが、正方形のプラン（平面図）をしていたこと、そして塔が多層構造をしていたことなどに関する記述は前述した碑文と共通しています。

●バベルの名にユダヤ人がこめた恨み

さて「バベルの塔」の逸話は、「旧約聖書」の冒頭を飾る『創世記』の一節です。ということは、前章の洪水伝説の例にあるように、旧約聖書は、数多くの先行文明に伝わる物語をベースに、紀元前八世紀から六世紀にかけて作られたテキストをまとめたものと考えることができます。その編纂時期や、どの先行文明や多民族による伝承が各エピソードのベースとなったかについては諸説ありますが、いずれにせよそうしたものから聖書の逸話が出来上がり、編纂時期に脚色されていったと考えられています。

ここで問題となるのは、聖書をまとめたユダヤ民族が置かれていた状況です。彼らは現在のイスラエルとその周辺にあたる「カナンの地」を、神から与えられた土地と信じ、そこに彼らの本拠地を築こうとしてきた歴史があります。しかしそこはエジプトとメソポタミアの中間地点にあたるため、両地域の勢力からの支配をたびたび受けてきた土地でもあります。そうして他民族から幾度となく独立を脅かされてきたユダヤ民族の歴史の一ページとして、紀元前五八六年、ときのユダヤ民族のユダ王国が滅亡するのですが、この時の敵国が新バビロニアなのです。王位に就いていたのはネブカドネザル二世。前述したナボポラッサル王の長男で、新バビロニアの最盛期を演出した王となりました。

古代の戦争では、敗れた国の住民を労働力として利用するため、戦勝国が自国に連行することがしばしばおこなわれていました。ネブカドネザル二世も、どこまで正確な史実か定かではないですが、ユダ王国最後の王ゼデキアの両目をえぐり出し、エルサレムの神殿と都市機構を破壊し、すべてのユダヤ人を自国に捕虜として強制的に移住させたと伝えられています。俗に「バビロン捕囚」と呼ばれるこの状態は、紀元前五三九年に新バビロニアを滅ぼしたアケメネス朝ペルシャの王キュロス二世によって、エルサレムへの帰還が許されるまで続きます。その間、約五〇年。今と違って平均寿命の短い当時にあっては、連行時の世代がほぼ世を去り、すっかり代替わりしていてもおかしくありません。にもかかわらず、ユダヤ人は固有民族としての自分たちのアイデンティティーを失いませんでした。むしろ、敵地で虐げられた状態にあったからこそ、より強固に民族の独自性を保持しようとしたきらいがあります。事実、彼らの律法と一神教の教義、聖書の編纂はこの虜囚時代に推進されたとみられています。

常に鎖でつながれて鞭《むち》打たれるような悲惨な隷属状態ではなかったものの、自国を滅ぼされて連れてこられた地で過ごす日々。栄華を極める敵国の首都バビロンには、彼らがそれまで見たこともないような、天にそびえる高い塔が周囲を睥睨《へいげい》しています。しかもその塔の改修工事を終わらせて完成させたのは、ネブカドネザル二世そのひとなのです。さて、私たちが当時のユダヤ人だったとして、その光景を見てどう感じるでしょう。ただ「わあ高いなあ」と無邪気に感心して眺めるだけではすまないはずです。打ちのめされるような無力感を感じると同時に、いつかあの塔を倒してやるという復讐《ふくしゅう》心が湧いたとしても不思議ではありません。

もうおわかりだと思います。なぜユダヤ民族の聖書に、バベルの塔のエピソードが記載されているかを。そして、なぜバベルという名があてられたかを——。おごり高ぶったひとびとがいい気になって高い塔を建て、神の怒りによって崩されるストーリー。そのなかに、ユダヤのひとびとは自分たちの復讐の念を押しこみ、溜飲《りゅういん》を下げていたに違いないのです。

2　ジッグラト——巨石文明の始まり

バベルの塔のモデルとなったバビロンの塔エテメンアンキは、前項で見たとおり正方形のプランをもち、その一辺と同じ高さをもつ階段状の建物でした。この階段状の形式をもつ塔を「ジッグラト」（アッカド語で「高きところ」の意）と呼びます。メソポタミアで古くから見られる巨大建築の形式で、おそらくシュメール人が都市を築き始めた最初のうちに、すでに建て始められていただろうと推測されています。シュメール人が都市文明を築き始めた時期は紀元前五〇〇〇年頃まで遡ることができますから、ひとびとは実に古くから塔を建て始めたということができます。

もちろん最初のうちは規模も小さなものだったでしょう。ただ彼らは早くから、神の代理として王が人民を統治するという権力構造を作っていましたから、その権威を示すためにもある程度高さのある建物を必要としたはずです。単純な見方ですが、下から見上げている人にとっては、なんとなく偉い感じがするものです。それならば、多くの人民の上に立つためにはより高い建物があるにこしたことはありませんから、都市の発展とともに塔も大きくなっていったはずです。こうして、地上における神の家ともいえる神殿は巨大化していき、そういった威光をふりかざしながら、王が人民を統治する文化ができあがりました。シュメール人の社会は基本的に各都市における都市国家の連合体でしたから、結果的にメソポタミア各地に点在する都市ごとにジッグラトが建てられていきます。

初期の代表的な都市国家に、キシュやウルク、ウル、エリドゥなどがあります。そのなかのウルクが、最初にシュメールの都市国家群のなかで覇権を築いたといわれています。といっても後の帝国のような規模と圧倒的支配力によるものではなく、近隣の都市との戦いに勝利し、貢納などを義務づけるといった程度の上下関係ではなかったかと思われます。ともあれ、最盛期にはおそらく二万五〇〇〇ほどの人口を誇ったこの中心都市ウルクの名をとって、紀元前四千年紀のメソポタミアを「ウルク期」と呼んでいます。この時代に、青銅器の使用が定着し、楔形《くさびがた》文字が登場しました。

ちなみにそれ以前の約一五〇〇年間は「ウバイド期」と呼ばれ、石器から銅器へ移行し、灌漑《かんがい》農業が始まった時期にあたります。各地に都市ができはじめ、エリドゥなどは四〇〇〇ほどの人口に達したとみられています。ウバイド期はこの時代の遺跡の名から付けられました。この時期、エリドゥにはすでに神殿が建てられていましたが、最初は一辺が三メートルほどの小規模なものにすぎませんでした。

『ギルガメシュ叙事詩』の主人公のモデルとなった王ビルガメスは、ウルクに成立した第一王朝の第五代の王として記録されています。神話的エピソードに溢《あふ》れたキャラクターですが、彼とともに説話のなかに登場するキシュの王エンメバラゲシが書かせた碑文が発見され、その実在が確認されたことなどから、同様にビルガメスも実在した人物であると考えられています。ウルクは周囲数キロメートルほどの範囲に家屋と公共建築物がひしめき、そのなかに（厳密にはジッグラトではありませんが）高台の基壇をもつ「アヌのジッグラト」がありました。アヌとはシュメールの最高神アンのアッカド語での読み名であり、その後この神殿は徐々に拡張されていったようです。

●ウルのジッグラト

多神教を信じる古代メソポタミアのひとびとは、さまざまな神に祈りをささげていました。豊穣《ほうじょう》の神や水の神など、神々にはそれぞれ役割があり、性格も異なります。神殿も、基本的には神ごとに造られます。こうして都市国家にはさまざまな神殿が建てられていきましたが、特定の都市をまもる「守護神」のように、各都市ごとに篤《あつ》く信仰される神がいます。そうした神の神殿はひときわ大きく、その都市を代表するジッグラトとなります。

それらのジッグラトにはそれぞれ固有の名前がつけられており、たとえば先に登場したバビロンのジッグラト「エ・テメン・アン・キ」とはシュメール語で「天地の礎の家」を意味し、ニップルのジッグラトには「エ・ドゥル・アン・キ（天と地をつなぐ家）」の名が、そしてキシュにあったものには「エ・フルサグ・カラン・マ（その地の山の家）」の名が与えられていました。

図 2-02　ウルのジッグラト

それらのほとんどはその後崩壊するにまかされ、あるいは敵勢力に破壊されるなどして失われていきました。残存程度によって数え方は異なりますが、現在その存在が確かめられるジッグラトはわずか三〇基ほどにすぎません。しかし、かつて古代メソポタミアにはジッグラトがいたるところにあったことは、神殿のリストのような粘土板が見つかっていることでも明らかです。本書ですでに登場したニネヴェの図書館からは、六〇〇〇行以上にもわたって神殿の名が連ねられた粘土板が見つかっています。それは紀元前一千年紀の前半に書かれたと思われるもので、おそらくもっとも重要なジッグラトが記されていただろう冒頭の一二行こそ残念ながら欠けていますが、それにしてもこれほど多くのジッグラトが建てられていたとは、古代メソポタミアの諸都市はさぞかし壮観だったことでしょう。

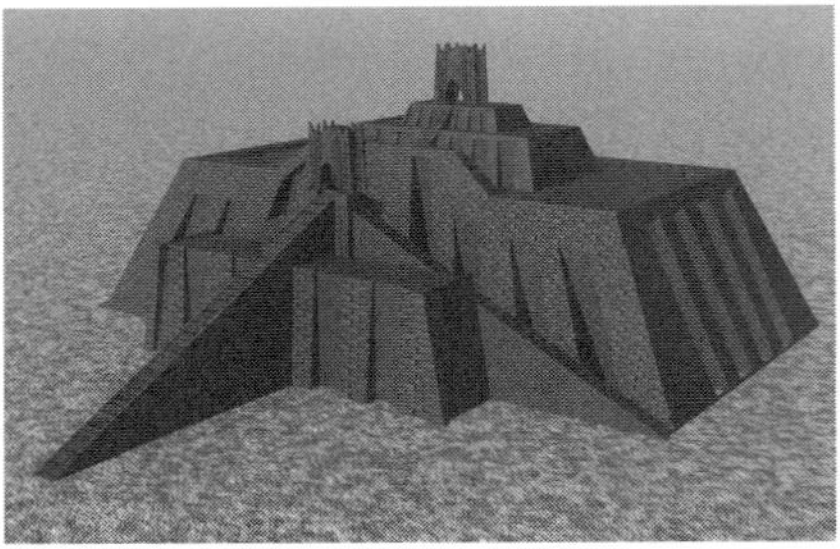

図 2-03　ウルのジッグラトの復元想像図、失われた上層部はこのような姿だったと推測されている（アンドレ・パロに基づき、レオナルド・ウーリィにより作成）

さて、後の章でも登場する歴史書『シュメール王名表』によれば、ウルクの主導的地位はやがてウルに引き継がれたとされています。ウルにははじめ四代にわたる王朝が続きました（ウル第一王朝）。ただ、彼らもまたやたらと寿命が長かったりするので、なかば神話化された歴史と考えて良いです。

ウルに本格的な都市が建設され始めたのは、紀元前四千年紀のはじめ、つまり今から約六〇〇〇年近く前のことです。ウルの遺跡は現在のイラクの東南部ナーシリーヤの近くにあり、ペルシャ湾岸からおよそ二五〇キロメートルも離れた内陸部にあります。しかし、かつてここはユーフラテス川の河口に位置していました。つまり二大河が運んでくる砂による堆積はそれほど激しく、かつて海岸線だったところがすっかり土砂で埋められてしまったのです。おまけに二大河は、前章でみたように大規模な氾濫をたびたび起こしており、流れを何度か変えてしまいました。そうなると川岸や河口ではなくなる都市も出てくるわけで、こうした自然現象も、ウルとその周辺地域が衰退していった理由のひとつとなっています。水の確保や交易路としての河川や港の存在は、それだけ文明の発展のために重要な要素なのです。

ともあれウルは河口地域一帯で最も強力な都市国家となったわけですから、それ相応に立派な神殿が建てられて当然です。古くからあっただろうウルの神殿は何度も拡張され、特にウル第三王朝の初代の王ウル・ナンムと第二代のシュルギ王によって、巨大なジッグラトが誕生しました。この「エテメンニグル」(畏れるべき礎の家、の意)と呼ばれるジッグラトは三層構造で、六二メートル×四三メートルの長方形のプランをもち、およそ二一メートルの高さを誇っていました。

大きな箱の上にやや小さな箱が載るような形をしており、各層の正面には下の層へとつながる階段があります。最下層の正面入り口はひときわ豪華で、そこからは三方向へと長い階段が下りていたものと考えられています。エテメンニグルに祀られるナンナ神（ナンナル・シン）は月の神であり、祭儀のたびに祭司たちが上階へと長い階段を上っていったはずです。こうした神殿の、特に上層階は一般のひとは入れぬ聖域となっていたと考えられています。

図2-04　ウル・ナンム王の建築碑、紀元前2097-2080年頃か、ウル出土、ペンシルヴェニア大学博物館

ウル・ナンム王は、およそ紀元前二一三〇年頃から二〇二一年頃までを生きた人物です。幸運なことに彼が作らせた石碑の断片が残っています。もとは巨大な縦長の石灰岩の表面に、上下数段に帯状に分けてレリーフ（浅浮彫り）が施されていたものです。図2-04は碑の部分です。上から二段目の場面の一部で、向かって右にナンナ神が座って

います。左に立っているのがウル・ナンム王で、神は王に測量のための綱と尺を渡そうとしています。つまり王は、神から委ねられてこの大改修事業をおこなったことをここでアピールしていることがわかります。神託を受けたという点が、王の権威を強化する材料のひとつなのです。

3　エジプトの「ピラミッド」――あまりに巨大なお墓

ここまで古代メソポタミアのジッグラトについて見てきましたが、おそらく皆さんが「古代の巨大建築」と聞いて即座に思い浮かべるのは、エジプトのピラミッドだと思います。ジッグラトが紀元前四千年紀頃に建てられ始めたのに対し、ピラミッドも紀元前三千年紀には建造されており、負けず劣らず古い起源をほこっています。その桁違いの巨大さと均整のとれた美しさとで、ピラミッドは私たちに一度見たら忘れられない強い印象を与えます。

なかでもカイロ西方のギザにある、三つ並んだピラミッドは「ギザの三大ピラミッド」としてお馴染みです。といっても実際には、うちひとつは他の二基に比べてかなり小さいのですが、よく目にする写真では遠近法のせいで三つとも大きく見えます。

三基のうち最大のサイズをほこるクフ王のものは、ピラミッドの代名詞といって良いほど有名です。プランはきれいな正方形をなし、その一辺は約二三〇メートルもあります。高さは一四六メートルほどにもなります（頂上部分が失われたため、現在の実際の高さは一三七メートルほど）。この巨大なピラミッドは、おおきな石のブロックを積み上げて造られています。それらひとつひとつのブロックは約二トン半もの重さがあるのですが、クフ王のピラミッドにはこうしたブロックが二三〇万個ほど使われています。

図 2-05　クフ王のピラミッド──ギザの三大ピラミッド（右端がクフ王のピラミッド）

エジプトのピラミッドに関しては、日本の早稲田大学のチームがながらく調査にあたっていたことから、これまでもテレビ番組や雑誌の特集などで頻繁に報道されてきました。そのおかげで、国内の関心も非常に高く、多くの人がピラミッドにまつわる謎や用途をよくご存じです。ここでその内容をざっと確認しておきましょう。

周知のとおり、エジプトのピラミッドのほとんどは「ファラオ（王）の墓」です。その巨大な外観のわりに、内部空間はほとんどありません。たとえばクフ王のピラミッドを例にとると、その内部には、ほぼ中央に位置する「王の間」へと続く大回廊が斜めに走っています。王の間のやや下方には「王妃の間」があり、そしてピラミッドの最下層には「地下の間」が設けられています。それらは狭く細い通路でつながれ、外部に通じる箇所は途中でふさがれて寸断されていました。墓室には多くの副葬品が納められているため、盗人から守るためにそのようにしたと考えられます。にもかかわらず、これまでに発見されたピラミッドのほとんどは盗掘の被害をうけており、クフ王のそれもガランとした状態で見つかりました。

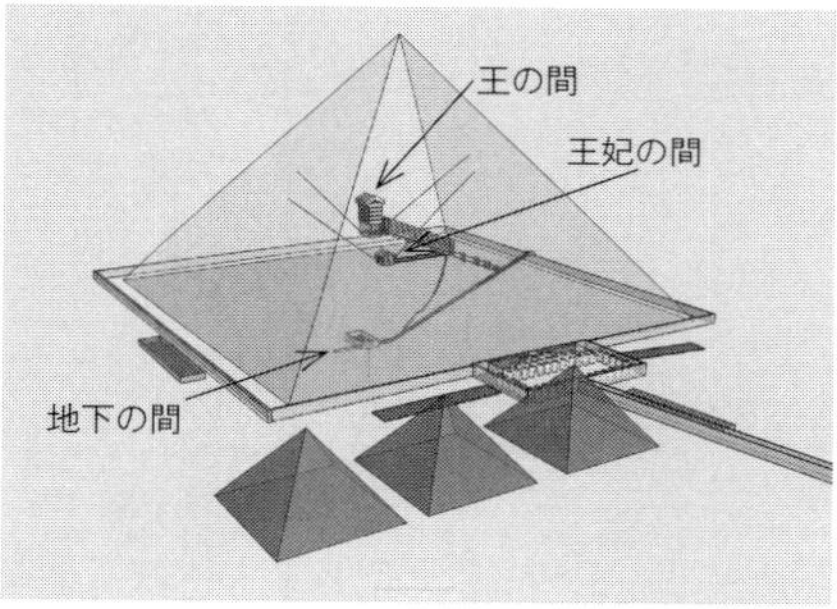

図 2-06　ピラミッドの内部構造図（R. F. モーガンによる CG 復元図）

そのせいで、もともと何が室内にあったのか不明な点も多く、各空間の用途も実はあまりはっきりしていません。特に「王妃の間」と呼ばれる空間は、ひょっとすると王の魂（カー）のための部屋だったかもしれません。また、まだ発見されていない内部空間が存在する可能性もあります。昨今では科学的な調査により、どうやら他にも内部空間がありそうだという希望が出てきました。なにしろ固くて重い巨大な石ブロックでできている建造物ですから、さあ内部構造の物理的な調査を、といっても容易なことではありません。厚い石の壁の向こうに何があるかを知るのは簡単ではなく、また本体を傷つけないよう慎重に事を運ぶ必要があるからです。ですが、まだまだ未知の領域が残っていることには大いにロマンを感じてしまいますね。

また、ピラミッドにまつわる未解決の謎のひとつが、その造り方です。これほどの大きさの花崗岩《かこうがん》を、等しい寸法で切断してブロックにし、さらにそれらを大量に運搬し、高いところまで持ち上げて規則正しく積んでいくのはなかなかに困難なことです。それでも現代であれば、ショベルカーやダンプカー、クレーンなどの助けをえることができます。しかし私たちが想像すべきは、そうした便利でパワフルな機械が一切存在しない、今から約四五〇〇年前の状況です。彼らはいかにして、このような驚くべきモニュメントを、それも数多く造り上げたのでしょう。

石の切り出しには、ノミと木槌《きづち》のような小型の単純な道具を用いていました。運搬にはソリのような木製の台に載せたり、あるいは丸太を並べてその上を滑らせていくような方法がとられたことでしょう。そこから先が問題で、なにしろクレーンなどは無いので、ゆるやかな傾斜路を作って、その上をテコの原理など用いながら引っ張り上げていったと考えられています。それには二通りの方法が考えられます。

ひとつはちょうどジッグラトの正面にあった長い階段のように、まっすぐな直線状の傾斜路をピラミッドの中心へと繋《つな》げていく方法です（図2-07の①）。ただ難点があるのは、最初は短い傾斜路でこと足りるものの、ピラミッドが高くなっていくにつれ、傾斜路の裾がどんどん

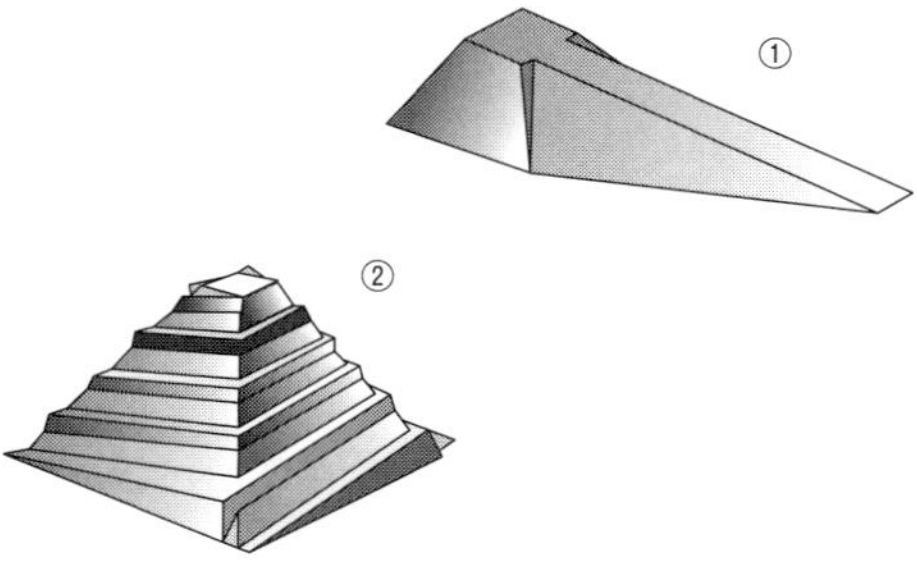

図2-07　傾斜路として考えられる二通りの方法

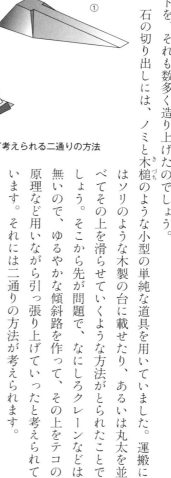

と遠方へと延びていきます。なにしろピラミッドのサイズが大きいので、傾斜路の土台部分も相当な大きさの三角錐《さんかくすい》になります。傾斜路の角度によっては、ほとんどピラミッド本体と変わらない体積の土台を作る必要がでてきます。ピラミッドの完成後にその土台を取り除くのもひと苦労です。

そこで考えられるもうひとつの方法がピラミッドの外周を取り巻くように、螺旋《らせん》状の傾斜路をつける方法（図2-07の②）です。これだと傾斜路をつけるために必要な追加材料の体積は比較的おさえることができます。しかし、もともと階段状のものに、外周だけ傾斜路を付け加えるのは簡単ではないことや、頂上に着くまでに何度か通過することになる九〇度の角でどうやってターンさせたのかなど、この方法でもクリアすべき未解決の点は幾つか残っています。結局、「よくわからない」というのが正直なところです。太古の構造物には、いまだにこれだけの謎が残っているのです。

●それは何のために造られたのか

これほどの重い石材を遠くから運び、高いところまで持ち上げて積み上げていくという作業には、実に途方もない人員と労力を必要とします。そのため、かつては大量の奴隷たちが強制的に労働させられたものと考えられていました。石を曳《ひ》くための綱を引っ張っている人々が、石の上に乗った見張り役に鞭打たれているようなイラストを、なにかの本でご覧になった方も多いと思います。

こうしたイメージは、紀元前五世紀にピラミッドについて書きのこしたギリシャの歴史家ヘロドトスに始まっています。

（クフ王は）エジプト全国民を強制的に自分のために働かさせたという。アラビアの山中にある石切場から石をナイルまで運搬する役を負わされた者もあれば、船で河を越え対岸に運ばれた石を受け取り、いわゆるリビア山脈まで曳いてゆく仕事を命ぜられた者たちもあった。常に十万人もの人間が、三カ月交替で労役に服したのである。

——ヘロドトス、『歴史』より（松平千秋訳）

その後もずっと支配的だった、こうした「ピラミッド＝強制労働の産物」という見方に異を唱えたのは、メンデルスゾーンという物理学者です。彼は一九七四年に、ピラミッド建設は農閑期に失業状態にある国民を救済するための公共事業だったとする説を発表しました。たしかに当時のナイル川の水位は定期的に増減していたので、この説は説得力あるものとして好意的にうけとられ、今でもかなりの支持を集めています。

一方で、ナイル川流域一帯はとても肥沃で、農閑期に備えるだけの充分な収穫があったと考えられることから、やはりピラミッド建設は救済事業ではなく国民の義務やあるいは奴隷の強制労働だったとする見方も根強くあります。実際に、ゴミ捨て場の遺跡などから、古代エジプトの食生活はかなり恵まれたものだったこともわかっています。また、ヘロドトスによるエジプトに関する他の記述には多くの真実が含まれていることや、ピラミッドにかぎらず古代の巨石建造物は、強権を発動できる専制的な君主がいなければ不可能であり、そのような権力構造は古代によく見られるものであること、そしてそのことはすなわち、そのような超越的な特権をもつ統治者の命によって働かされる多くの人々がいることを示しているため、私はピラミッドの建造は、やはり奴隷を含むほとんどの国民にとっての義務だったのではないかと思っています。

4　大きなことは良いことだ――始皇帝陵と仁徳天皇陵との大きさ比べ

小学生でも、社会の授業で習うので「ナイル川は世界一長い」ことを知っています。ほぼ赤道直下にあり、ケニア、ウガンダ、タンザニアに囲まれたヴィクトリア湖とそこに流れ込む川を起点とし、アフリカ一〇か国を流域にしてエジプトから地中海に流れ込みます。そのナイル川の全長は約六八五三キロメートルにもなります。北海道の北端から沖縄県の那覇市までが直線距離にして約三四〇〇キロメートルですから、その二倍弱もの距離を、たった一本の川が流れていることになります。ちなみにヴィクトリア湖は琵琶湖《びわこ》が一〇〇個近く入ってしまうほどの大きさです。一方で、その水源地域の最も高いところでも一八〇〇メートルほどの標高しかありませんから、ナイル川は実になだらかな斜面をゆっくりと流れ下っていることになります。

全長のちょうど半分ほどの地点に、スーダンの首都ハルツームという街があります。五〇〇万ほどの人口を誇る大都市で、ここでウガンダから流れる「白ナイル」とエチオピアから来る「青ナイル」が合流し、一本の直線的な大河となってエジプトを縦断して

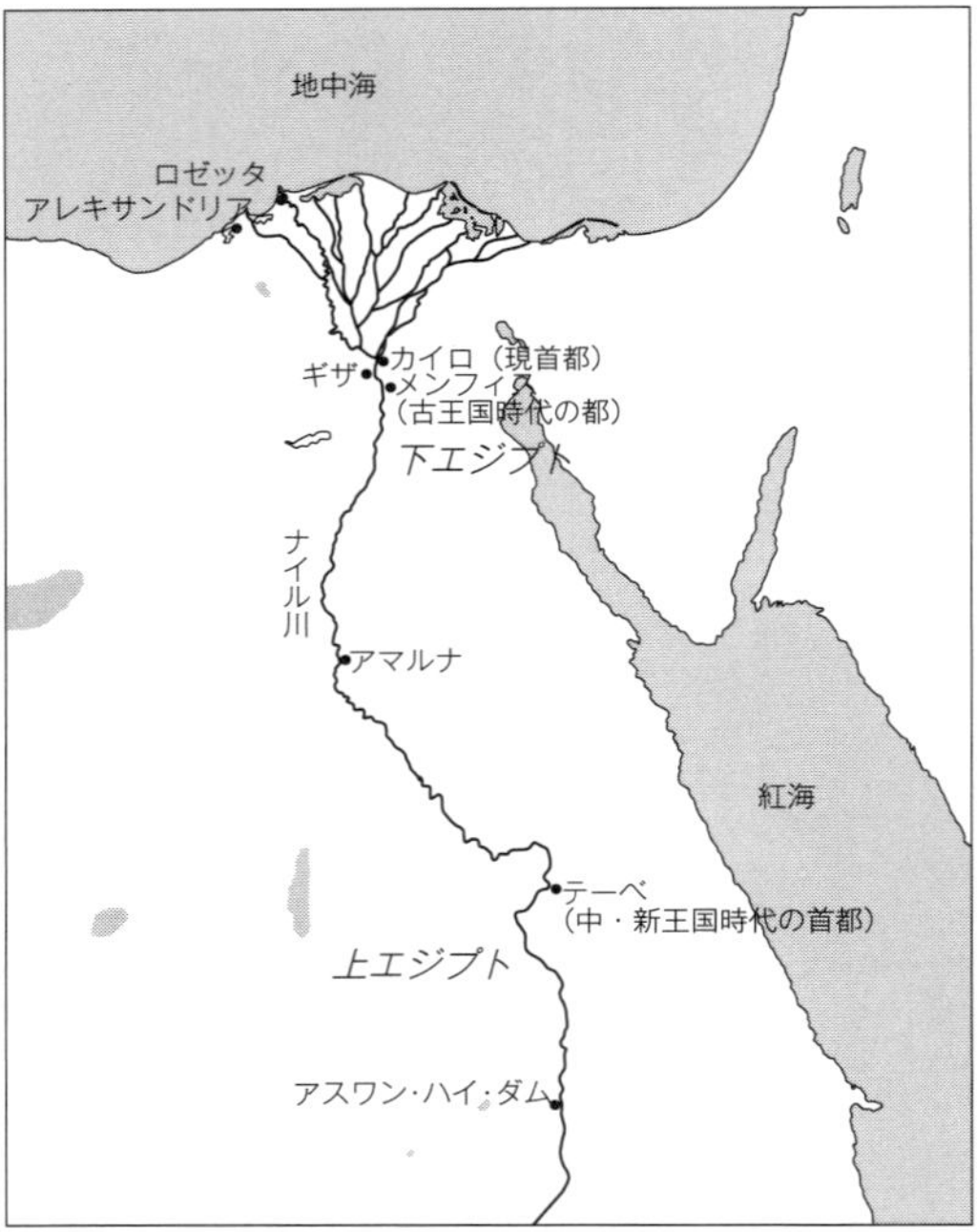

図 2-08　古代エジプトのナイル川流域地図

いきます。さらにハルツームから河口までの中間あたりに、その建設費用の捻出が、第二次中東戦争の要因ともなった有名なアスワン・ハイ・ダムがあるのですが、その地点から下流域が古代エジプトの文明圏とおおよそ重なります。そのうちの河口付近を指す「下エジプト」と、それ以南の「上エジプト」にそれぞれ王国が形成され、後者が前者を征服する形で紀元前三〇〇〇年頃、エジプトに統一王朝が誕生します。

図 2-09 〈ジェゼル王の階段ピラミッド（サッカラのピラミッド）〉、6 層マスタバによるエジプト最古の大型ピラミッド（高さ 62 メートル）、紀元前 27 世紀（第三王朝）、サッカラ

両エジプトを統一した王ナルメルの頃から、すでに王の神格化が徐々に始まっていたと考えられます。生きながらにして神である「現人神《あらひとがみ》」との認識が明確になるにつれ、そして王朝の政体が安定するにつれ、王の墳墓も大型化していったことでしょう。最初それらは、「マスタバ」と呼ばれる、煉瓦《れんが》を積みあげただけの長方形をした墳墓にすぎず、サイズも大きなものでも長辺が八メート

ルほどのものでした。その後、統一から三〇〇年あまりが経過した頃、サイズの異なるマスタバを数個積みあげたような墳墓があらわれます。「階段ピラミッド」と呼ばれるもので、基本構造は先に見たシュメールのジッグラトと似ていますが、煉瓦ではなく石のブロックを用いている点が大きく異なります（図2-09）。大型化するにあたり、下層部が重量に耐えられるよう強度を増す目的もあったでしょうが、石のもつ堅牢《けんろう》さを死後の魂の永遠性に重ねることで、現人神の墓所にふさわしいものにしようとする意図があったかもしれません。

私たちがピラミッドと聞いてすぐ頭に思い浮かべるのは、前項で見たギザの大ピラミッドのような「正四角錐」の形をしたものです。しかし、エジプトの古代墳墓が最初からこのような形をしていたわけではありません。

階段ピラミッドが、正四角錐のいわゆる「真正ピラミッド」へと発展したのは、紀元前二六〇〇年前後の王スネフェルによってです。ナルメルから五〇〇年後の第四王朝の初代ファラオであるスネフェルは、三段目の途中から崩れたままになっている「崩れピラミッド」、四角錐の途中で傾斜角度が変わっている「屈折ピラミッド」（図2-10）を経て、真正ピラミッドのはしりである「赤いピラミッド」に至る、つごう三基ものピラミッドを造らせました。いくつかの古典文学作品に慈悲深い王として詠《うた》われるファラオだからこそ、それほどの大事業を起こせたのでしょう。彼の統治下での王朝の安定は次代以降も引き継がれ、ピラミッドもそれに合わせて巨大化します。そして、彼の息子で王位を継いだ人物こそクフで、クフの時代に最高のピラミッドが完成したのです。

図2-10　屈折ピラミッド、スネフェル王のピラミッド、紀元前2600年頃、ダハシュール

●小型化していくピラミッド

数え方にもよりますが、ピラミッドはエジプトに一〇〇基以上造られています。なかには、大きなピラミッドのそばに小さなピラミッドが取り巻く形で造られているケースも多くあります。こうした「衛星ピラミッド」のほとんどは、後継者を除く子息や王妃などの墓です。土や砂に埋もれているものも多く、なかには

人工衛星から撮影した地形によってその存在が判明するものもあります。こうして、今後もピラミッドの総数は増えていくでしょう。

それらのうち大規模なピラミッドの建造時期は、ギザの三大ピラミッドをはじめとして、先に述べた第四王朝とそれに続く第五王朝、年数にして紀元前二六〇〇年頃からの二五〇年間ほどに集中しています。それ以降は中央集権体制が弱まり、地方の力が増していき、ピラミッドも小型化していきます。かのクレオパトラがアウグストゥス（オクタヴィアヌス）の軍に敗れてローマ帝国の一部となるまでを「古代エジプト」と呼ぶなら、その古代エジプトの上下エジプトが統一された紀元前三〇〇〇年頃から始まる約三〇〇〇年間にわたる長い歴史の、ほんの二五〇年ほどの間にあれほどの巨大なピラミッドが続々と造られたのです。

クフ王ののち、第四代ファラオのカフラーもクフ王のそれに匹敵する大きさのピラミッドを建てています。特筆すべきは彼がピラミッドの横に造らせたスフィンクス像で、これも長さが七三メートルほど、高さが二〇メートルもある巨大なものです（図2-11）。スフィンクスは周知のとおり、腹ばいに寝そべる猫のような姿をしたライオンです。本来は太陽神だったのですが、カフラー王のそれは、彼の顔をもつライオンの姿をしています。百獣の王の力を、ファラオの権力や生命力と重ねあわせたのでしょう。鼻の先が欠けているのですが、ナポレオンの軍隊が撃って破壊したとする伝説があります。

三大ピラミッドは、クフ、カフラー、メンカウラーの三人のファラオの時代に作られたものですが、最後のメンカウラーのピラミッドになると、一辺一〇五メートル弱に縮小します。大きなものであることにかわりはありませんが、クフ王のピラミッドと比べると、底面積比で五分の一ほどしかありません。高さも七分の三程度に低くなりました。「ギザの三大ピラミッド」は実のところ「二大＋一小」と言い換える方が正確です。

図 2-11　ギザの大スフィンクス像

●ストーンヘンジの不思議

これまで主としてメソポタミアのジッグラトとエジプ

トのピラミッドを見てきましたが、世界には他にも古代に建設された巨石建造物があります。なかでもイギリスにあるストーンヘンジは最も有名なものでしょう（図2-12）。

この遺跡は、イギリス南部の街ソールズベリーの郊外にあります。美しい芝生で覆われたなだらかな丘の上に、長方形の巨大な石がニョキニョキと立っています。それらは約三五メートルほどの直径の円を描くように、二重の輪を描いて建てられています。ふたつの石の上をまたぐ感じで、さらに別の横長の石が渡されていて、まるで狭い門のような形をしています。かつては二重の輪のどちらも、そうした蓋のような石（楣石《まぐさ》）で一周ぐるりと繋がれていたようです。

大きな石になると、その高さは六メートルにもなります。ひとつ切り出して運んでくるだけでも大変そうな巨石が、ただ突っ立っている様子は不思議なものです。ストーンヘンジは何世紀にもわたって徐々に建てられたもので、今私たちが目にしている構造体は紀元前三千年紀の後半（紀元前二五〇〇年〜前二〇〇〇年頃）に造られたものですが、この地になんらかの巨石構造体が造られ始めた歴史は、古くは紀元前八〇〇〇年頃まで遡ることができます。

そばに古代の都市らしきものもなく、またジッグラトのようなわかりやすい神殿でもなく、ピラミッドのようなお墓として建てられたものでもなさそうなので、いったいこのような大がかりなものを何のために造ったのだろうと、これまでさまざまな意見が出されてきました。そのうち主だったものは、ブリテン島の先住民族であるケルト人の祭司であるドルイド僧たちが造らせた崇拝の場、あるいは太陽神の崇拝の場、もしくは古代の天文台といったものです。

図 2-12　ストーンヘンジ全景写真

主要そうな石を結ぶ直線上からちょうど太陽が昇ることもあり、天文学的知識を反映しているのだろうとする考えは多くの支持を集めているのですが、なかには現代人も驚くような高度な知識が含まれているとする、いわゆる「トンデモ学」にあたるような説もあります。

結局、すべてがいまだに謎に包まれています。個人的には、古代の多くの原始宗教で主神となるのが太陽神

（たいてい豊穣神を兼ねる）であることから、ここでも収穫への感謝を太陽に捧《ささ》げるような目的があったのではないかと考えているのですが、どうでしょうか。

こうした「環状列石」と呼ばれるタイプの構造物は、ストーンヘンジの他にいくつも見つかっています。円環の形をとらず直線的に配された「石列」も多く発見されています。これらはイギリス全土を中心に、アイルランドやフランス北西部、デンマークとドイツ北部、イタリア南部やサルデーニャ島などで見ることができます。

それらの他に、明確に高貴な人の墓や共同墓として造られた巨石建造物が、スペインとフランス、イギリスなどに多数残されています。さまざまな形状のものがありますが、それらのほとんどには遺体を安置する墓室のような内部空間があるので、お墓であることがわかります。日本にも同じようなものがあります。例えば、奈良県明日香《あすか》村に残る、蘇我馬子《そがのうまこ》のものではないかともみなされている石舞台古墳などです。そういった空間から、実際に遺骨や副葬品が出てきたケースもあります。

●古代は巨石文化の時代

ヨーロッパで環状列石や石列が盛んに建てられた時期は、紀元前五千年紀から同三千年紀にかけての時代です。ちょうど石器時代から銅器時代へとゆるやかに移行していった時期にあたります。どちらにしろ硬い巨石を切り出すためには貧弱にすぎる道具しか手にしていなかったはずです。それでも人類は、巨大な構造物を建てていました。

図2-13　明日香村の石舞台古墳、提供：明日香村教育委員会

これまで見てきた例が示す通り、それらは信仰の場とお墓とに大別されます。人間が生きるためには何にも優先して食料を得ねばならず、そのため原始的な宗教の多くが収穫への祈願と感謝に向けられています。まだ大規模な農耕は中国やメソポタミア、エジプトで見られる程度で、その他の地域では原始的な農耕が小規模に展開されるにとどまり、狩猟採集にカロリー摂取の大半を頼っていました。彼らにとって動物は獲物であり、敵であり、恐怖の対象でもあったでしょう。古代宗教の多くで動物の体や頭部をもつ神が創られた

理由の一端がここにあります。

また農耕には季節や日照時間、降水量といった要素が重要ですから、信仰の対象もそれらに関連するものとなるはずです。そのためにとくに太陽崇拝は広くおこなわれていたことでしょう。ストーンヘンジの例にもあるように、環状列石のような遺構の多くがこうした太陽崇拝を目的とするものだったでしょうし、農耕の規模が大きくなれば信仰の場も整備されて巨大化し、やがて立派な神殿へと進化を遂げていったはずです。

農耕や牧畜のためには集団でことにあたるのが良く、それらの発展とともに共同体の規模も大きくなっていきました。それにつれて、共同体を統率するリーダーの重要性も増していき、リーダーが手にする権力も自然と大きくなっていきます。彼らはやがて特別視され、ふつうの人とは異なるカテゴリーにいる存在として認知されていきます。これが王であり、さらにそれが信仰対象を兼ねて強固になったものと言える現人神なる存在です。

一般人を超越した力を有する存在であれば、神のように不死の存在か、さもなければ人より長く生きてもおかしくありません。しかし現実的には王や現人神であろうと寿命があります。それならばと、死後の魂の永遠性を重視するようになったのでしょう。ここではかなり単純化して説明していますが、強大な力をもつ古代の指導者たちが、洋の東西を問わず、こぞって大きく立派なお墓を求めたのは当然のことといえるでしょう。

しばし西洋から世界へと視野を広げると、クフ王のピラミッドに匹敵するサイズをもつ古代墳墓として、中国の西安《せいあん》郊外にある始皇帝陵《しこうていりょう》を挙げることができます。これもほぼ正方形をしていますが、一辺が約三五〇メートルもあるので、クフ王のピラミッドよりも底面積は約二・三倍もの広さがあります。一方で勾配はゆるやかで平べったく、頂部も尖《とが》っていないので、高さは七六メートルしかありません。

始皇帝は紀元前二五九年に生まれ、一三歳で秦《しん》という国の王に即位します。彼は戦国時代を経て紀元前二二一年に史上初の中国統一を成し遂げ、最初の皇帝となります。それほどの人物ですから、彼のお墓が巨大なのもさもありなんという感じなのですが、この巨大墳墓はその後ずっと放置され、一九七四年にようやく発見されました。これほどの規模の墳墓が気づかれないままだったという点で中国自体の大きさに驚くのですが、ピラミッドと異なり外壁が石造ではないため木々が生い茂り、大きな山にしか見えなかった点も発見が遅れた原因のひとつとなっています。

これらふたつの墳墓と並んで、その規模の大きさによって「世界三大墳墓」に数えられるもうひとつの遺跡が、私たちのいる日本にあります。大阪の堺市《さかい》にある仁徳天皇陵《にんとくてんのうりょう》です。仁徳天皇は第一六代の天皇で、生没年と在位期間がはっきりとはわかっていないのですが、おおよそ四世紀の人物だと考えて良いと思います。ただ、伝統的にこの墳墓に葬られている人物とされてきましたが、実は彼のものなのかどうかも定かではありません（宮内庁は仁徳天皇のものと定めています）。

図 2-14　仁徳天皇陵の上空写真

そのため、人物を特定しないで大仙陵古墳《だいせんりょう》と呼ぶこともあります。その規模からいって、葬られているのがミカドのひとりだろうことは確かですが、いずれにせよ四世紀かそれ以降のものということで、他のふたつの巨大墳墓と比較するとずいぶんと新しいものだと言えます。

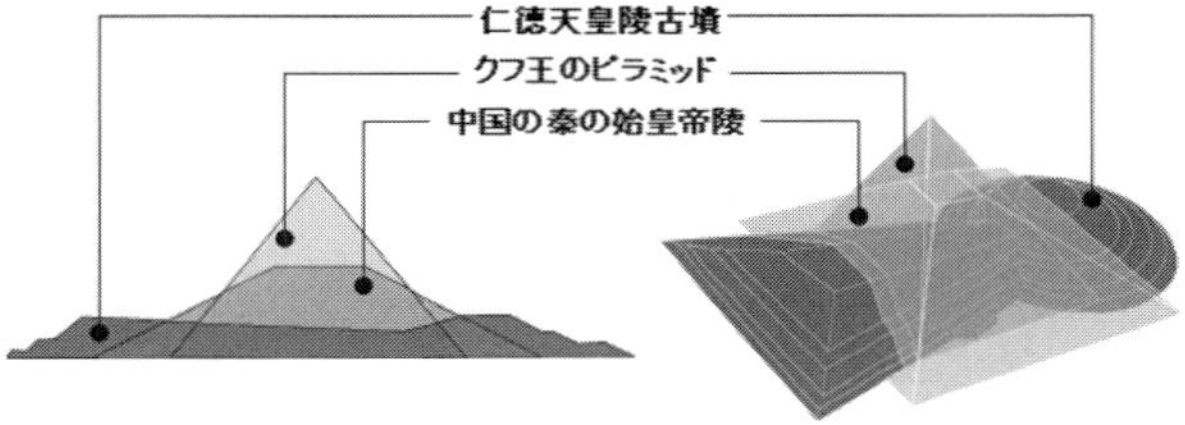

図2-15　クフ王のピラミッド、始皇帝陵、仁徳天皇陵を重ねあわせた図（堺市役所作成）

面積の広さは圧倒的で、前方後円墳という鍵穴のような形をしていて、長いところで四八六メートルもあります。高さは三五メートルほどしかないので平べったく、周囲をとりまくお濠《ほり》ごしに眺めるとただの森にしか見えません。そのため体積自体は三墳墓のうち最も少なく、始皇帝陵の半分足らずしかありません。

これら三大墳墓を比較すると、「高さのピラミッド」「体積の始皇帝陵」「広さの仁徳天皇陵」と呼ぶことができそうです（堺市役所のホームページにはこれら三大墳墓を比較したページがあるので、興味のある方は覗《のぞ》いてみてください）。その後も、一七世紀のムガール帝国の皇帝シャー・ジャハーンが亡き寵《ちょう》姫《き》のために造らせたタージ・マハル（タージマハール）や、聖人たちの墓所も兼ねているキリスト教会群など、大規模なお墓が造られていきました。しかし、古代の墳墓ほど巨大なものは存在しません。その後の技術の進歩を思えば、これは不思議なことです。やや繰り返しになりますが、強大な力を手にした指導者がいたからこそ、そして彼らがあたかも神のように崇拝の対象となったからこそ、これほどの規模の墓所が造り出されたのです。そうした条件は、古代世界だからこそ成立しえたということができるでしょう。

第三章

古代人の世界観——文明と神話の成り立ち

ツタンカーメンの黄金のマスク、エジプト考古学博物館

1　この世界はどのように創られたか

まず原初にカオスが生じた　さてつぎに
胸幅広い大地《ガイア》　雪を戴《いただ》くオリュンポスの頂きに
宮居する八《や》百万《およろず》の神々の常久《とこしえ》に揺ぎない御《み》座《くら》なる大地　と
路広《みちびろ》の大地の奥底にある曖々《あいあい》たるタルタロス
さらに不死の神々のうちでも並びなく美しいエロスが生じたもうた。
――ヘシオドス、『神統記』より（廣川洋一訳）

現代に生きる私たちは、私たちが住んでいるところが地球という惑星で、まあるい形をしていて宇宙に浮かんでおり、一年かけて太陽のまわりをぐるりと周回していることを知っています。自分の立っている地面の下には、地球の中心のさらにむこうにやはり同じような地面があって、そこには上下さかさまに人間が立っているのだと思うと、頭では理解しているつもりでも不思議な感じがします。

では、そのような科学的事実が知られていなかった古代の人々は、この世界をどのようなものとして把握していたのでしょう。それはどのような形をして、どこまで続いていて、誰がどのようにして創ったと考えていたのでしょう――。こうした問いに答えてくれるのが神話です。そこには太古のひとびとが持っていた世界観が示されています。そしてさらには、彼らが自分たち人間を何者と考えていたかもわかります。

というのも、神話や伝承、宗教のたぐいには、ひとびとが抱く根本的な疑問に対する答えを用意するという重要な機能（神話の説明機能）があるからです。たとえば、「なぜ男と女がいるのか」、「なぜ私たちは死ぬのか」といった具合です。こうした根本的な疑問のなかでも、最もスケールの大きな問いと言えるのが、「私たちが住んでいる世界はなぜあるのか」、「私たちは何者か」といった疑問です。

本章の冒頭に引用したのは、ギリシャ神話における「世界のはじまり」の部分です。最初にあったのはカオス（混沌《こんとん》）だと彼らは考えています。なにひとつ形あるものが存在していない段階ですから、わけのわからないモヤモヤとした状態に違いない、というわけです。そこから、ガイア（大地）とタルタロス（深淵《しんえん》）、エロス（愛）が誕生します。

草木も何もかも命あるものはみな大地によってもたらされますから、大地は多くの神話において「原初の母」としての性格を有しています。これがいわゆる「大地母神」と総称されるキャラクターです。それに続く深淵は、大地のような生産的な要素と正反対の性格を代表します。それは闇であり無であり、死や静寂、永遠といった、やはり根源的な要素と結びついています。

これらに加えて、愛が初っ端から登場することにやや違和感を覚える方もいることでしょう。なんとなく、それほど原初的で際立って重要なものとは思えないためでしょう。しかし、これにはわけがあります。というのも、神話のほとんどは大勢の神々が登場する「多神教」です。とはいえ、いかなる多神教の神話でも、物語の最初にはせいぜい男女一対のペアぐらいしか出てきません。その後、世界のあらゆる要素が彼らを両親として生み出され始めますから、まずは最初の男女が結ばれないと話になりません。そのため、多くの神話において、かなり初期の段階で愛の神が登場することになるのです。そしてそもそも、人類の最大の関心事は、太古から現代にいたるまで、やはりずっと愛と死のふたつであり続けてきたと言えます。

上ではまだ天空が命名されず、下では大地が名づけられなかったとき、
かれら（神々）をはじめてもうけた男親、アプスー（「淡水」）、ムンム（「生命力」）、
かれらをすべて生んだ女親、ティアマト（「塩水」だけがいて）、
かれらの水（淡水と塩水）が一つに混り合った。（中略）神々がその混合水のなかで
創られた。

――「エヌマ・エリシュ」の粘土板冒頭部（後藤光一郎訳）

冒頭の出だしの文字から「エヌマ・エリシュ」と呼ばれる粘土板には、古代バビロニアの神話がアッカド語で記されています。ニネヴェのアッシュールバニパル王の図書館から出てきたもののひとつで、七枚の粘土板に書かれた物語は合計で一〇〇〇行にも及びます。一八七五年に大英博物館のジョージ・スミスによって報告されて以来、その長大さと古代メソポタミアの天地創造のイメージを伝える内容によって幅広い関心を集めてきました。

ここでは、川が男神、海が女神として登場し、両者が結ばれて世界が創られていきます。ムンムは先に見たエロス的な役割と考えて良いと思います。原初はまだ天地の区別もない状態なので、先のギリシャ神話と似た、モヤモヤとした混沌の世界を思わせます。ところが、世界にはまだ何もないはずなのに海と川だけはあるのです。少なくとも紀元前一一世紀頃より古くから語り継がれていた物語ですから、やはりメソポタミアは二大河の賜物《たまもの》、いかに彼らにとって川が古くから重要な存在だったかがわかります。

このように各地の神話において最初に登場する神々は、愛や時間といったなんらかの概念や、天や地、空気や月といった基本的な要素を神に擬したものが多くいます。このあたり、石だろうが木だろうが、あらゆるものに神が宿るとする「アニミズム」的な発想が、文明の最初期にはよくみられたことを想像させます。日本の国創り神話でも、火の神などが登場することはご存じだと思います。

●エジプトの神々――いともユーモラスな説明機能

エジプトの神話にも、こうした原初の基本的要素そのものである神々が登場します。

先述したようにエジプトは上・下エジプトにわかれて発展し、それらが統合されたあとも各都市で崇拝されていた神々が独自の発展をとげたりしたため、一様ではありません。ですが、「アトゥム」と呼ばれる創造神から始まる基本構造はおおよそ共通しています。

すぐにおわかりになるように、最初に登場するのが男女神ではなく、男性的な性格を帯びた創造神ただひとつである点が他地域の神話と大きく異なっています。もちろんこのあとに多くの神々がゾロゾロと現れるので多神教ではあるのですが、最初にひとつの神しか存在せず、それが世界のすべてを創り出す点には、のちのキリスト教にいたる一神教の基本構造との類似を感じさせます。この点については後述しますが、実際にエジプトがユダヤ教系一神教（キリスト教とイスラム教の系統）の形成に少なからず影響を及ぼした可能性があるかもしれません。

ともあれ、アトゥムたったひとりしかいませんから、男女神のように愛で結ばれることができません。ではアトゥムはどうしたか。ここが面白いのですが、彼はしかたがないので自分で自分自身を慰めます。この自慰行為によって、アトゥムがついた吐息から大気の男神シューが、そして流した精液から湿り気の女神テフヌトが生まれます。なるほど、たったひとりの創造主から空気と水を生むためとはいえ、古代エジプト人も考えたものです。

ユーモラスな発想はさらに続きます。シューとテフヌトの子が、大地の男神ゲブと天空の女神ヌートなのですが、この兄妹が抱きあっているのに驚いて、父であるシューがふたりの間に割って入って引き離します。おわかりでしょうか。天と地の間にあるのは大気だから、という発想に基づいて考え出されているのです。これも一種の説明機能になっているのですが、他にもたとえば、「ゲブのくしゃみ」は何を意味しているでしょう——。答えは「地震」です。ゲブは大地の神ですからね。

この兄妹のあいだから、エジプト神話の中心となる神々が生まれます。冥界の神オシリス、その妹で妻ともなるのが豊穣《ほうじょう》の女神イシスです。この仲睦《なかむつ》まじい夫婦はエジプトをともに治めていたのですが、弟で砂漠の神セトの嫉妬を買い、オシリスは殺害されバラバラにされてしまいます。イシスはその遺体を拾い集めて蘇《よみがえ》らせるのですが、復活したオシリスはすでにこの世のものではなく、冥界を治めることになります。彼にかわって復讐《ふくしゅう》をとげるのが息子のホルスで、セトを斃《たお》した後、エジプトを統治します。ハヤブサの顔をもつホルスはエジプトを守護する主神となり、想像上の存在でありながら初代ファラオともみなされるようになります。

このドラマティックな物語にも説明機能が隠れています。オシリスの遺体がばらまかれた地域こそナイル川流域で、その遺体を養分として麦をはじめとする植物が豊かに育ちます。ナイル川流域がなぜ豊かなのかを説明するこのエピソードは、死が次なる生命の誕生をうながすサイクルをもとに創られており、エジプト人が死後の復活を信じていたことも裏付けています。この「死と復活」の思想はその後の西洋文明に広く受け容れられ、キリストの死と復活の原型のひとつともなっています。

一方、ナイル川流域の外に広がる砂漠は一転して死が支配する世界です。なぜ砂漠の神セトが恐

図 3-01　大地神ゲブと天空神ヌートを引きはがす大気神シュー、『死者の書』より、紀元前950年頃、ロンドン、大英博物館

ろしげな役割を担っているのかは明白ですし、彼とホルスが戦うことで、砂漠の存在がエジプトを脅かしていることも暗示されています。

2 私たちはどこから来たのか――人類の創造神話

世界のはじまりを考えついたところで、次に人類が考えるのは、やはり私たち人間という存在の不思議さです。他の動物と同じように食べものを探して食べて眠るといった行動をとってはいますが、道具や言葉を使ったりと、明らかにその存在は異質です。であれば、神話の世界を考え出す時に、人間だけを特別な存在として扱うのは当然です。そしてそれはしばしば、神に近い存在、神が特別に創った存在というかたちをとります。

旧約聖書の神が一週間で世界を創りあげたという話をご存じだと思います。そして、その最終日にすべてを創り終えた神が休息をとったがゆえに、日曜日が安息日にあたることも。

神はまず深淵から光を生じさせ、天を創り、地を陸と海とに分かちます。神は続いて太陽と月を創り、それぞれ昼と夜とを治めさせます。ここまでで四日間が経過しています。そのスピード感はまるでビッグ・バンを想像させます。それから神は動物を創り、鳥や魚をそれぞれ空と海に放ち、仲間を増やすように命じています。そしてようやく人間が登場します。神は言います。

「我々にかたどり、我々に似せて、人を造ろう。そして海の魚、空の鳥、家畜、地の獣、地を這《は》うものすべてを支配させよう。」
神は御自分にかたどって人を創造された。(……)
主なる神は、土(アダマ)の塵《ちり》で人(アダム)を形づくり、その鼻に命の息を吹き入れられた。

――『創世記』一:二六―二:七(新共同訳)

旧約の神(ここでも神は複数形を用いていますね)がまず創るのは男です。この点は重要です。というのも、男性が女性に先んじて創られた存在であり、しかもその姿は神の姿に似せてあるというのです。そもそも旧約の神には実体などなく、あらゆるところに存在する（と神自身が旧約において述べています）、いわばエーテル的な「霊的存在」です。それなのに似せて創ったものが男性だということは、いきおい神は人類の男性のような姿をしていることになります。

神はこのあとで女性を創りますが、あくまでも男がひとりきりなのはつまらなさそうだという理由で着手します。しかも、男性の肋骨《ろっこつ》を一本取りだして女の元とするのです。旧約聖書を正典のひとつとするキリスト教が西洋文明に支配的になってからは、この記述のために、女性は男性の従属的立場であるとの認識もずっと引き継がれていくことになります。その後ずっと続く男尊女卑的な発想の原因のひとつでもあるのですが、これには聖書にかぎらず宗教文学を編纂《へんさん》してきたのが常に男性だったという背景があります。そのため、同様の構造を、他の多くの宗教にもやはり見ることができます。

ともあれ、上記のことばでわかるように、神は人間を創って、明らかに他の動物よりも上位に置いています。古代のひとびとが、自分たち人類が他の動物よりも優れていることをはっきりと認識しており、もともと神にそう意図して創られたのだと説明をつけているわけです。

そしてもう一点注目すべきは、神が人間を「土」から創っていることです。この記述には、ふたつの説明が可能です。ひとつは、人類が最初に何か造ろうとした段階では、まずなによりも「土器」を造ろうとしたという説明です。事実、文明の初期段階から、人類は石を砕いて刃物とした「石器」とともに、土を固めて干したり焼いたりして壺《つぼ》などにした「土器」を造ったことがわかっています。そしてもうひとつの説明としては、植物の生育などをみて、人類が大地をこそ命の源と考えていたというものです。このことは、先述した原初の神にたいてい「大地母神」役の女神がいることでもわかります。

ギリシャ神話などにも同様の発想をみることができます。すでに述べたようにギリシャ神話にはさまざまなヴァリアント（異説）がありますが、たとえばアポロドーロスは、プロメテウス神による人間（男性）の創造を「水と土から」なされたと記しています。

●神の似姿としての男

神の家畜である人間はよく管理されている。（……）かれらの鼻孔に生命の息吹きをつくり給《たも》うた。神の体より現われた人間はその似姿なのだ。神はかれらの望みに応じて天に昇り給い、かれらのために、その食物として草木、獣・鳥・魚をつくり給うた。

――『メリカラー王への教訓』より（屋形禎亮訳）

『メリカラー王への教訓』は、エジプト古王国滅亡後の「第一中間期」の末期（紀元前二〇五〇年頃）に実在したファラオ「メリカラー」に対し、父である先代ファラオが遺《のこ》した教訓集です。『創世紀』でも描かれているのと同様に、古代エジプト人もやはり自分たち人類はそれ以外よりも優れた存在との自覚をもっており、他の動植物はすべて自分たちの食料として創られたとまでみなしています。

自分たちを神の似姿と考えている点も先のユダヤ民族と同じであり、鼻から生命を吹き込む点も共通しています。呼吸が止まれば死んでしまいますから、鼻が生命維持の鍵だと考えているわけです。こうした記述を読んだうえでミケランジェロによる有名な〈アダムの創造〉（ヴァチカン、システィーナ礼拝堂天井画）を観ると、神とアダムの両者がともに人差し指を伸ばして命を送り込むあの格好良いポーズも、実はミケランジェロによる完全な創作であることがわかります。本当は、アダムの鼻の孔《あな》に向かって神がフウフウ息を吹きかけていないといけないわけですが、そんな間抜けな仕草はミケランジェロの美意識が許さなかったのでしょうね。

各地の神話や伝承、宗教が似ているのはこれまで見てきたとおりなのですが、エジプトでは人間は神の家畜であるとうたわれている点が目をひきます。この文章を書かせたのは他ならぬファラオで、将来のファラオになるだろう自分の息子への帝王学として考えられたものです。そうなると、生きながらにして神である「現人神《あらひとがみ》」のファラオが、人間は神の家畜だと言っているわけですから、人民は自分たちの僕《しもべ》であるという特権意識があからさまに見えてしまって、なんともやりきれない思いがします。

興味深いことに、人類は神の下僕として創られたという同じ発想を、シュメールの神話にも見ることができます。やはりアッシュールバニパル王の図書館で見つかった粘土板の一枚で、そこでは、神々のリーダー的存在であるエンリル神に対し、人間を創造する係の神々が答えて言います。

あなた方は二人のラムガ神を殺して、彼らの血でもって人間を造るのです。
（今まで）神々が（なってきた）仕事は（今や）彼ら（人間）の仕事でありますように。

——シュメール粘土板（エーベリング, 1919, Band 1, No. 4、いわゆる「人類創造粘土板」、尾崎亨訳）

この粘土板には、シュメール語による原文の横にアッカド語による訳がつけられており、明らかに古いテキストを写して保存したものだとわかります。そしてエンリル神が中心的な神として扱われていることで、エンリルを主神としていた都市ニップルで原文が書かれたものと推測されます。そこから、原文は少なくとも紀元前一七世紀頃より以前にできたものと考えられています。

最初の「あなた方」は「私たち」と読むことも可能とのことなので、そのように読んだ方が文意もはっきりします。ラムガ神もいかなる神なのかよくわかっていないのですが、とにかくこれからある神を殺害して、その血から人間を造ります、そしてその動機は神々がしている労働を人間に肩代わりさせるためだと宣言しているわけです。ひとつの死が次なる生命の誕生をはぐくむという仕組みは先に述べましたが、ここでも同様に死から生へのサイクルが述べられています。そして労働をさせるために人間を創るという動機も明確に述べられており、つまりは「私たちはなぜ労働をしなければならないのか（働かないと食べられないのか）」という、これも人類が最初に抱きそうな根本的疑問に対して説明を用意したものと見てよいでしょう。

旧約のアダムに戻ると、彼も神の言いつけを破って（後述）罰せられるにあたり、食べ物を得るためにおまえは汗水流して働かねばならないと宣告されています。ここでも、離れた土地や異なる民族でも、古代のひとびとが同じような発想を抱くものだと見ることができますし、さらには、ノアの洪水についての章でみたように、古代の各地ではるか昔にできた神話や伝承を先行テキストとして、後に他の民族が自分たちの宗教説話のなかに採り入れていった構図を想像することができるでしょう。

3　人はなぜ死ぬのか

ノアの名が再び挙がったついでに、彼についての不思議な点をまたひとつ見てみましょう。ノアに関する一連の物語がおわる『創世記』第九節は、次のようにしめくくられています。「ノアは、洪水の後三五〇年生きた。ノアは九五〇歳になって、死んだ」。九五〇歳？　そうなのです、彼はびっくりするような長寿をまっとうして世を去っています。彼だけではありません。旧約聖書にはほかにも、九三〇歳で没したアダム、その息子セト（セツ）の九一二歳、さらにそこから六代あとのメトシェラ（ノアの祖父にあたります）に至っては九六九歳で亡くなるなど、驚くほど長く生きた人物たちが目白押しです。彼らは揃《そろ》いもそろって子をもうけた年齢も高く、およそ六〇から一九〇歳までの間に初めての子をもうけています。

ところが、ノアの子孫たちになると急に寿命が短くなっていきます。ノアから数えて一一代目にあたるアブラハム（最初の預言者でユダヤ民族の祖）になると、一七五歳で死んだと書かれていますから、当時の平均寿命からすると途方もない長寿ではあったでしょうが、九〇〇歳と比べるとまあ想像の範囲内の数字に近づいてきたと言えるでしょう。

すでにシュメールにおいても、似た設定をみることができます。シュメールの都市国家と王家の盛衰表でもある『シュメールの王名表』の、とくに初期段階における歴史記述はほとんど神話の領域で、最古の王朝では六万四八〇〇年もの年月を、たったふたりの王が治めたことになっています。

もちろんこれらは非現実的な数字なので、太古のひとびとが大げさに書いたものと片づけることもできるでしょう。しかしここには、やはり太古のひとびとが人間という存在をどのように捉えていたかが反映されたと見ることもできるのです。というのも、先にも述べたように、人間が特別なのは神がそのように意図的に創ったからだとの発想がありました。そこからさらに、創始期の人類はもっと神に近い存在で、より完璧に近かったとも考えられていたのです。

同様の発想を他にも見ることができます。たとえば先に見たように、ギリシャ神話では、人類は四つの段階を経てきたと説明されています。最初から、金、銀、青銅、そして鉄です。つまり人類は徐々に劣化していて、私たちは鉄の時代に生きていることになります。ちなみに青銅時代の人間はもっと凶暴で争いが絶えませんでした。そこでゼウスが見かねていったん滅ぼそうとして起こしたもの、それが第一章で見た洪水にあたります。

●神と人間を分かつもの

しかし、いくら神に近い存在だといっても、神と人間はやはり違います。このことは太古のひとびとも自覚していて、では神と人間のあいだのどこに線引きをするかといえば、それはやはり「死ぬ存在かそうでないか」という区別になります。その仕組みの説明として考えられたのが、旧約聖書では「エデンの園」になります。

そこにはあらゆる食べ物の木があり、さらに園の中央に「命の木」と「善悪の知識の木」とが生えていました。神はこのうち、「命の木」の実を自由に食べることは許すのに、「善悪の知識の木」の実を食べることは禁じます。アダムとエヴァ（イヴ）はしかし神の言いつけを破って善悪の知識の木に手をのばし、エデンの園から追放されてしまいます。その結果、彼らは命の木の実を食べることができず、そのために死ぬ運命となったと言外に説明されているわけです。
ギリシャ神話も似た設定を持っていて、神々は「ネクトール」という特別な酒を飲む権利を有していました（ジュースの「ネクター」の名はここからとられています）。それこそが神々のエネルギーの源で、とにかくいつも飲んでいるのでお酌をする係も重要なため、ゼウスはわざわざ美少年のガニュメデスをさらって来てその役に就かせたりもしています。また、人間の女性プシュケーと神であるクピドとの、身分違いの禁じられた恋が認められ神の国に迎えられる際、プシュケーにはネクトールを飲む権利が与えられます。それによって彼女は不死の存在となり、神々の一員として認められるのです。

さて、地上に人が増え始め、娘たちが生まれた。神の子らは、人の娘たちが美しいのを見て、おのおの選んだ者を妻にした。主は言われた。「わたしの霊は人の中に永久にとどまるべきではない。人は肉にすぎないのだから。」こうして、人の一生は百二十年となった。

——『創世記』六：一—三（新共同訳）

奇妙な記述部分です。「人」と「神の子」が区別されて書かれているので、神がここで自らが創った人類を「神の子」として呼んでいるわけではなさそうです。であれば、「神の子」とはいったい何者でしょうか。これには諸説ありますが、「天使たち」のことだと考える人も多くいます。天使たちにはもともと物質的な実体がなく、ましてや性別などないはずなのでそれでも奇妙さは残ります。ともあれ、神に近い存在と人間の女性から生まれたハーフのような子らがやたらと長寿なので、神が寿命に制限を設けたと解釈して良いでしょう。

何処へさまよって行くのか、ギルガメシュよ?
お前が探し求める終わりなき命を、お前は決して見つけることはないだろう。
神々が人間を創った時、彼らは人間に死を割り当て、自分たちのために不死を取り分けたのだ。

——『ギルガメシュ叙事詩』より（松島英子訳）

シュメール神話の流れをくむ古バビロニアの『ギルガメシュ叙事詩』では、永遠の生命を求める英雄ギルガメシュに対し、その願いは叶《かな》わぬこと、不死は神々の専有物であることが告げられます。

シュメール神話でも、人間を創った知恵の神エンキ（エア）は、増えすぎた人間に怒ってエンリルがふたたび洪水を起こさぬよう、人類の寿命を短くし、一部の女性を不妊にし、さらに幼児期に一定数の子どもが死ぬように定めています。この記述でも、なぜ人に寿命があるのか、なぜ子のできない夫婦がいるのか、そしてなぜ死ぬ乳幼児がいるのかといった、厳しい人間の宿命への答えが用意されているのです。

●死は文明化の交換条件

先述したように、人類は自分たちが他の動物と異なる優れた存在だと早くから自覚しているわけですが、その「他の動物と人類とを分かつもの」の解釈には民族ごとの違いが見られて興味深いものです。たとえばギリシャ神話では、人類を創造した神プロメテウスが、人類を文明化するために「火」を与えます。たしかに火で食べ物を調理するのは人類だけですし、人間の力ではかなわないような他の動物でも、火を使えば遠ざけることができます。なるほど、古代の人々が火こそ人類と他を分かつものと考えた理由がわかります。

ただし火は神の専有物だったので、それを盗んで人間に与えたプロメテウスは神々から罰を受けます。神々は人類の文明化を望んでいなかったという設定になっているわけです。

聖書では、「善悪の知識の木」の実をアダムとエヴァが食べたことで、エデンの園から追放されてしまいます。善悪の知識を「判断力」や「自意識」、あるいはもっと広く「知性」と言い換えても良いかもしれません。彼らはその実を口にした途端、自分たちが裸であることを「恥ずかしい」と感じてしまいます。その様子で神もタブーが破られたことに気付きます。たしかに服を着ているのも人類だけですから、太古のひとびとが人類と他を分かつものを「服」と考えたとしても不思議ではありません。さらに、人類が人類たる所以《ゆえん》は「知性」だとも考えていたことがわかります。

興味深いのは、これらいずれのエピソードも、人間の寿命のはなしへとつながっている点です。ギリシャ神話ではその後ゼウスたち主神側が最初の女性パンドラを創り、プロメテウスの弟へと贈ります。その際、「開いてはいけない」と言われて持たされた壺（甕《かめ》）をパンドラが開いてしまったことで、病や争いといった災いが世に蔓延《まんえん》してしまいます（最後に残ったのが「希望」だというエピソードをご存じの方も多いと思います）。つまりそれまでは病や争いなど存在しなかったのですから、ここで初めて人類は死の運命を負うことになります。

一方の聖書では、すでに述べたように神の怒りを買ったアダムとエヴァはエデンの園から追放され、命の木の実を食べる権利を失います。「土から生まれたおまえたちは土に還《かえ》れ」と神も残酷な宣告を下します。

整理すると、太古のひとびとは、人間が他の動物と異なることに気づき、その差を「火」や「服」あるいは「知性」に求めていました。自分たちが住んでいる世界がなぜあるのかという根本的な疑問に対しては、きっとこれは何者か超越的な存在（神）が創ったのだと考えたことでしょう。そしてこれほど優れて特別な存在である自分たちは、きっと神から特別に創られたに違いない、自分たちはおそらく神の姿に似ていて、他の動物を支配するべく創り出されたに違いないとまで考えたのです。

しかし、それほど特別な存在であるにもかかわらず、私たちは皆、いつかは死ななければなりません。これだけはどうあがいても逃れられない定めです。であれば、本来は神と同じように永遠の生命を与えられていたはずなのに、神のいいつけを破ったり増えすぎたことで怒りを買ってしまったために寿命が設けられたのだと考えるようになりました。それが寿命の短縮や人類の劣化という文脈で語られます。もしくは、人類が文明化したからこそ、そのひきかえに死ぬ運命となったと考えるひとびともいたのです。すべては、「私たちは何者か、なぜ自分たちは優れていて、それなのになぜ死ななければならないのか」という疑問に、なんとかして説明を試みようとした結果なのです。

パンドラにせよエヴァにせよ、直接的に人類に死をもたらす原因となったのが最初の人類の女性だという点は注目に値します。誘惑に弱いのは女性のほうだという偏見に基づいているのは、太古の昔から、歴史を記述してきたほぼ全員が男性であることと無関係ではないでしょう。

4　一神教と多神教

古代文明と宗教は切っても切り離せない関係にあります。先述したように、この世の不思議、自分たちという存在の不思議、生と死のサイクルの不思議。こうした根本的な疑問のすべてに対し、回答を与えてくれるのが宗教ですから、極論すれば、知性をもった人類が現れて、こうした疑問を抱き始めた瞬間から、宗教が生まれたということができます。

自分たちを凌駕《りょうが》するような超越的な存在を「神」と総称していますが、さまざまな地域と民族によってそのイメージは異なります。原始的な宗教のほとんどでは、神々は人間とよく似た男女神で、その数も多く、行動様式もかなり人間的です。その背景にはあらゆるものに神性を認める、より原始的なアニミズム的信仰があったのではないかという点は先述したとおりです。

神々の集団も人間とよく似た社会だとすると、人間界がそうであるように、リーダー的な神が創られていきます。はやくもシュメール系の神話において、アヌ神には「神々の大君」や「すべての神々にまさる権威を持つ」といった形容がなされています。アヌ（アン）、エンリル、エンキ（エア）、イナンナ（イシュタル）といった主要な神々には、時代や地域によってしばしば同種の形容が付けられています。なかには紀元前八世紀初頭のアッシリア王アダド・ニラーリ三世のように、自らが信仰するナブー神以外への崇拝を禁じるような言葉を残した者もいます。

もちろん、大勢の神々がいるうえでの主神信仰なので、厳密な意味での一神教には該当しません。しかし、すべて横並びの多神教からは明らかに段階が進んでいるため、これを「単一神観」と呼んでいます。都市国家の連合体だったメソポタミアでは、都市の守り神がその地の主神となる傾向があり、その都市の権勢が増せばそれだけその主神への信仰が高まります。その好例がバビロンの神マルドゥクで、バビロンが栄華をほこった時代には、神々のなかで並外れた神格を持つものとして、ほとんど一神教にも思えるほどの独占的崇拝を集めています。

エジプトでは、比較的新しい神といえるテーベの守護神アメンが、テーベ王朝の再統一以後、主神の地位におどりでます。新王国時代（紀元前一五五二―一〇七〇年頃）にはその権威は絶大なものとなり、太陽神ラーと習合してアメン・ラーとなります。この神は創造主としての性格を与えられ、ここに至ってエジプトの単一神観は顕著なものとなります。

そして一神教の傾向をより明確に示したのが、第一八王朝のファラオであるアメンヘテプ四世によってなされた「アマルナ改革」と呼ばれる事件です。アメンヘテプとは、「アメン神は満たされた」という意味です。しかし、祭儀をつかさどる神官たちの発言権を抑えるためでもあったのでしょう、彼は父の死にともなって王位に就いたとき、それまでのアメン・ラーを中心とする多神教崇拝を否定し、あらたにアテン神を唯一の神として崇拝するよう命じます。彼はこれを徹底するためにも、テーベからあらたな地へ首都機能を移し、「アケト・アテン（アテン神の地平＝世界）」と名付けました（その後アマルナと呼ばれるようになります）。さらに王はアメン神の名が入った自らの名も、「アテン神のために」を意味するアクエンアテン（イクナートン）に改名しました。

このドラスティックな改革は一代限りで終わり、彼の死後すぐに従来の信仰形態へと戻されます。イクナートンは異端の王としてほとんどの記録を抹消されたため、実態はよくわかっていませんが、歴史上でも珍しい、純粋なる「一神教」が試みられた瞬間となりました。

●現人神と唯一神

イクナートンが亡くなった時、わずか九歳で後継ファラオとなったのがトゥト・アンク・アテン（アテン神の生き写し）です。まだ幼いため、アメン・ラー神信仰への復帰も彼の周辺にいた高官たちによるものだったでしょうが、ともあれ信仰形態はもとに戻され、ファラオの名もトゥト・アンク・アメン（ツタンカーメン）へと変えられます。そう、彼こそ黄金のマスクで有名なあのファラオです。彼は一八歳の若さで世を去り、小さな墓にめだたぬように埋葬されたため、一九二二年に発見されるまで運よく盗掘の難から逃れることができました。

一方のアメンヘテプ四世は異端として片づけられ、ファラオをかたどった像もほとんどが破壊されました。それでもいくつかは残っているのですが、そのひとつ、カイロのエジプト考古学博物館に残っている像を見てみましょう（図3-02）。面長の顔、細い顎、厚い唇。華奢《きゃしゃ》な体、たるんだ下腹。長い両腕。どうでしょう、私たちがエジプトのファラオのミイラと聞いて思い浮かべる、あのツタンカーメンのような典型的な表現からは、ずいぶんかけ離れた表現に思えないでしょうか。

実際、彼の像は歴代のファラオ像のなかでも際立って異質です。その異質さをひとことであらわすなら、「その人の特徴をよくとらえた」、つまりは「写実的」と言えるでしょう。この傾向は、彼の妻である王妃ネフェルティティ像（ベルリン新博物館）などでも同様です。一方、他のファラオたちの像は、石造の像であれミイラの棺《ひつぎ》につけられたマスクであれ、どれも似たり寄ったりの姿をしています。そして黄金に輝く彼らの特徴をひとことであらわすなら、「人間とは思えない」姿、言い換えれば

図 3-02　アメンヘテプ四世（イクナートン）像、エジプト第 18 王朝時代、カイロ、エジプト考古学博物館

「神々しい」と言えるでしょう。

この両者の顕著な違いは、しかし必然的に生じたものです。というのも、ファラオは生きながらにして神の一員である「現人神」として、エジプトの神々の集団のなかに位置する人です。一方、イクナートンはアテン一神教を推進した手前、彼自身はもはや神ではないのです。ここらあたり、日本人である私たちには、戦後に人間宣言をする前の天皇とそれ以降との違いを考えると理解しやすいように思えます。

こうした「現人神」の発想は、『ギルガメシュ叙事詩』のなかにも見ることができます。そこでは、英雄ギルガメシュについて、「彼の三分の二は神（三分の一は人間）」という記述が出てきます。彼は神々に匹敵する力を有しますが、死ぬ運命にあるため、完全には神ではないのです。前節でふれた天使的存在と人間とのハーフを思い起こさせる記述ですが、そのような「半神半人」のキャラクターが登場する神話は多く、彼らの末《まつ》裔《えい》が現人神のモデルとなったとも考えられるでしょう。

しかし、イクナートンの改革がわずか一代で終わったのもまた必然です。というのも、一神教を認めてしまうと、当然ながらファラオは現人神ではいられませんから、結果的にファラオの聖性は否定され、権威が失墜する危険性があります。一神教と専制君主制は水と油のように相容れない関係にあるのです。だからこそ、この関係性は後のローマ帝国時代にキリスト教が迫害された原因のひとつとなっています。

●神の名

一神教の試みは紀元前一四世紀なかばの数十年間で終わってしまったわけですが、しかしアメン・ラー神信仰もすでに単一神観を反映したものと先に書きました。つまり古代エジプトでは多神教をベースとしつつも、徐々に一神教を模索する動きが始まっていたことがわかります。

古代ペルシャのゾロアスター教にも、この単一神観をみる人は多くいます。光（善）の象徴として火を崇拝する拝火教をベースとするこの古い宗教は、善神と悪神が戦う神話構造を持っており、そこから「善悪二元論」の礎となったと言われています。ペルシャ帝国の宗教としてその繁栄とともに拡がりを見せましたが、まだまだ不明なことが多く、開祖とされるザラスシュトラ（ツァラストラ）が生きた時代さえ、紀元前一五〇〇年頃から紀元前一一〇〇年頃まで諸説あります。紀元前六世紀頃にはアケメネス朝ペルシャ帝国の国教となったようで、西方にも影響を与えます。たとえば、新約聖書でキリストの降誕時に東方から三人の賢者（マギ）が祝福に訪れますが、彼らをゾロアスター教徒だとする見方は一定の支持を集めています。

ゾロアスター教において、「賢明なる神」を意味する最高神アフラ・マズダが万物の創造主です。彼は最初に智恵と意識たる真理の霊（スプンタ・マンユ）を創造しますが、物質世界を創ったときに邪悪な霊が副次的に生じます。これがアーリマン（アフレマン、アンラ・マンユ）です。これらふたつの霊は常に対立し、私たち人間の行動や考え方をも左右します。多神教ともいえず、かといって一神教でもないこの構造は「単一神観」に区分されるでしょう。

ユダヤ民族が一神教を創りあげる際、もし参照できる先行モデルがあったとすれば、エジプトの単一神観かイクナートンの一神教、もしくはゾロアスター教の単一神観などだったと考えられます。ユダヤ民族はエジプトの虜囚となっていた時期もありますし、バビロンに捕囚されていたこともあります（それを解放するのがアケメネス朝ペルシャの祖キュロス二世です）。このことから、ユダヤ教による一神教創始を、イクナートンの改革に学んだ結果だとする見方は古くからあります。直接的な因果関係はともあれ、こうした先行モデルを参照可能な状況にあったことは確かです。後に、キリスト教がローマ帝国で広がるのとほぼ同時期に広まったミトラ教も一神教に分類されますが、そちらはペルシャ系の宗教としてアフラ・マズダ単一神観を引き継いでいると見ることができるでしょう。

さて、一神教には一神教ならではの興味深いことがらがあります。旧約聖書の神は、その教えを伝えさせる役目を担うモーセが、教えに行った先で人々から「その（神の）名は一体何か」と問うに違いありません。彼らに何と答えるべきでしょうか」と神に問います。それに答えて神はモーセに「わたしはある。わたしはあるという者だ」と言えと命じます。

この「ある」という、英語のbe動詞にあたる言葉から採られた名が「ヤハウェ」で、「存在する」の意にあたります。奇妙な回答ですが、つまりは普遍的にいたるところに存在し、特定の名をもたないことを意味します。人間は、たとえば犬の種に「イヌ」と名を付けると、その種と他の種を区別しはじめます。一方、「イヌ」にも「ネコ」にもあたる言葉を持たない民族は、「獣」や「四足」にあたる語でくくり、そのなかを区別しません。つまり、人間は名付けることによって、あるものを他と区別しているのです。

しかし、一神教ではただひとつの神しかいませんから、名付けて他と区別する必要がありません。いえ、むしろ名をつけると他の神の存在を認めてしまうことになりますから、モーセの十戒でも神は「主の名をみだりに呼ぶな」と厳命しているわけです。一神教の神には名が無く、物理的な実体もありません。ある形を与えてしまうと、やはり同様にそれ以外の空間と区別されてしまうからです。

その点、アメン神の名がもともと「隠されたるもの」を意味することは示唆的です。それにはおそらく実体がないため、隠されたるものだったのでしょう。アメン神信仰が後の単一神観、ひいてはイクナートンの一神教改革の土壌となったこと、そしてさらにはユダヤ・キリスト教系一神教の成立に果たしたであろう影響の大きさを思えば、その名からしてその後の流れは必然だったとまで感じられるのです。

第四章

古代文明の実像——古代人の暮らしをのぞく

サイドから見たハンムラビ法典石碑、パリ、ルーヴル美術館

1　ヒトと文明の定義

最初期の人類にあたる「猿人（アウストラロピテクス）」は、今からおよそ四〇〇万年前ごろに誕生しています。他の近接種であるサルやチンパンジーとの最大の違いは常時二足歩行をする点です。チンパンジーなども簡単な道具などを使うことができますが、常に両手が自由になった点で、道具の利用度は飛躍的に高くなったはずです。

二足歩行のため姿勢も大きくかわりますから、頭部の形も変わります。現在の私たちと比べると、まだまだ脳の容積は小さくはありますが、猿人は他の近接種の動物よりも進化への大いなる可能性を手にしたと言えるでしょう。その後、諸説ありますがおおよそ紀元前二〇〇万年前から一〇〇万年前までの間に原人（ホモ・エレクトゥス）が現れます。彼らは私たちとそれほどかわらぬ体格と、それまでの一・五倍の容積がある脳をもち、石器を使い始めます。斧《おの》を用いて初期の狩猟を始めていますから、文明の初期段階に近づいたと言えますが、その一方で、脳とともに頭部が大きくなることは出産を困難にします。人類が他の動物に比べて、明らかに未成熟な段階で早めに子を産むようになった理由がここにあります。

その後、今から約二〇万年前頃に登場したのが旧人（ネアンデルタール）です。アフリカとヨーロッパ、アジア一帯で、最大で五〇万人ほどの人口に達したとされる旧人は、土に遺体を埋める（埋葬）など、明らかに独自の文明を築き始めていたはずですが、しかし四万年前頃に突如姿を消します。かつて一九世紀にその化石が見つかった時には、ノアの洪水で絶滅した人類のものだと考えられたこともありましたが、DNA的にも私たちと直接のつながりを持っていません（ただし諸説あります）。彼らと入れ替わるように登場した、私たちの直接の祖先である新人（ホモ・サピエンス）に駆逐されたのかもしれません。

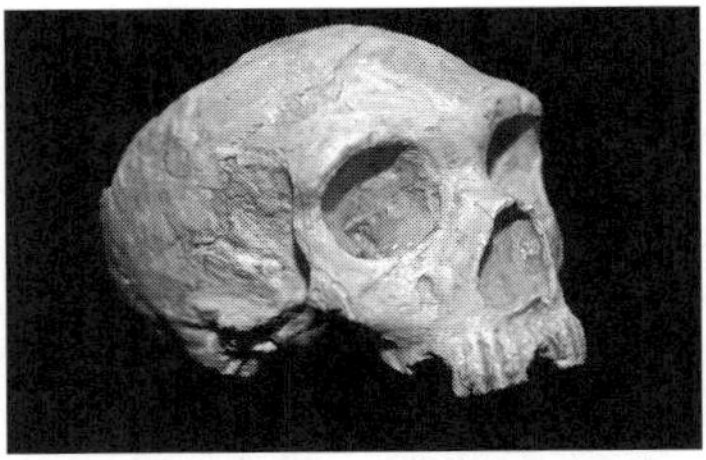

図4-01　ネアンデルタール人の頭骨、1848年にイベリア半島ジブラルタル海峡のフォーブズ・クオリー採石場で出土、ロンドン、自然史博物館

原人も新人も、DNAのゲノム解析によって、どちらもおそらくアフリカで誕生したと考えられています。新人ももとを辿《たど》れば、アフリカにいた一人の女性に行

図 4-02　旧石器時代の石斧、約 35 万年前の打製石器（原人による前期旧石器時代）、スペイン、ブルゴスのアタプエルカ遺跡で出土、ログローニョ（スペイン）、ラ・リオハ州立博物館

き着くという論文が話題になったことをご存じの方もいると思います。約二〇万年前にいただろうその女性は、当然のように「エヴァ（イヴ）」と呼ばれています。そこから新人は長い時間をかけて世界各地に広がります。南フランスで発見されたクロマニョン人もそのひとつで、一八〇センチメートルを超えるような身長の個体もいたため、コーカソイド（いわゆる白人種）の遠い祖先とも考えられています。彼らは石器だけでなく骨も加工して道具とし、埋葬に加えてラスコーやアルタミラなどの洞窟に壁画を残すなど、明らかに文明と呼べる段階に入らんとしています。しかし色鮮やかな壁画の時代は同時に、地球が氷河期を迎えた時期でもあり、トナカイやマンモスを集団で狩って食料としていたクロマニョン人も、そのほとんどが滅亡する結果となりました。

ともあれ、最後の氷河期となったこの時代をくぐり抜けた新人が、現代に生きる私たちの直接の祖となったのです。

●どこからを文明と呼ぶか

「文明」にあたる英語 Civilization は、ラテン語の Civitas からきています。この Civitas は「都市」のことで、英語の City もこれを語源としています。つまり、人類が共同生活を営み、ある程度の大きさの社会を作った段階を「文明化」と呼んだことがわかります。一方、これとよく対比して用いられる「文化」にあたる英語 Culture は、やはりラテン語の Colere、「耕す」という動詞からきています。ここから、農耕など、その地域にあわせた生活様式を作り出す行為と、それによってできあがる所産すべてを「文化」と呼んだのです。

考古学者の青柳正規（一九四四年―）は、文化を「その地域や時代の環境に人々が適応するための方法もしくは戦略である」と定義しています。もちろんそこには、「寒いから服を着る」ようなレヴェルのことからすべてが含まれています。そしてそのなかには、宗教や哲学のような精神活動も含まれます。面白いことに、「崇拝」を意味する英語Cultも、先に見たColereを語源とします。本書でも見てきたように、人類の歴史が始まったとほぼ同時に宗教の歴史も始まったと考えられるので、こうしたつながりも当然といえるでしょう。辞書によっては、文明をより技術的な面に、文化を精神活動の所産に対して用いるとする定義もあるようです。

やや繰り返しになりますが、整理すれば、人類が共同体を作って社会生活を営み始めた時点からを「文明」と呼び、ある時代や地域に適応すべくつくり出された物質的・精神的活動の所産すべてを「文化」とよぶと定義づけて良いでしょう。本書ではこれまで、主としてメソポタミアとエジプトにおける都市の発展とその盛衰の流れ、そこに見られる神話の構造と影響関係について見てきました。それをうけて本章では、西洋文明が始まってから人類が繰り広げたそれ以外の活動の歴史を、さまざまな側面から具体的に見ていくことにしましょう。

2 食と農耕、住居と都市

先に、ギリシャ神話では「火」を手にした時点を文明化とみなしていたことを見ました。すでに原人の時代に人類は火を用いていることがわかっていますが、たしかに火によって人類は野獣におびえることがなくなり、洞窟を住処とするような工夫もできるようになりました。そしてなにより、火を用いれば生肉に含まれやすい微生物を殺し、また野生植物が有している有害成分を無効化することができるため、食生活が飛躍的に向上した点も見逃せません。

動物を捕獲してその肉を食するにあたっては、単体での運動能力では劣る人類でも、武器を用いて集団で狩りをすれば他の動物をしのぐ力を発揮します。そして狩猟という集団行動をとるためには、当然ながら共同体を営む必要があるので、都市化、すなわち文明化へと段階が進んでいくよう促されることになります。整理すると、火と道具を用いて集団で狩りをするようになれば、文明が始まる条件はほとんど揃《そろ》ったと言って良いでしょう。

大型の動物を捕まえれば、かなりの人数が必要とするカロリーをまかなうことができます。ただ、いつも獲物をとらえることができるとはかぎらないので、狩猟生活が始まってからも、普段は木の実や食することのできる植物を採集することが必要だったでしょう。それならば、植物を採集してもまた生えて育ってくれるようにした方が良いのは当然です。こうして始まったのが農耕です。

先に述べたように、新人がすでに暮らしていた約二万年前に氷河期はピークを迎え、その後も何度か寒冷期をはさみながら、地球はゆっくりと温暖化していきます。農耕も、ちょうどこうした気候の変動と歩調をあわせるように、さまざまな地域で少しずつ始められていったと考えられています。

こうして早いところでは一万年以上も前から、その地に適した穀物が育てられるようになります。なかでもティグリス川流域から今のイラクとトルコの国境地帯を通ってイスラエルにいたる地域は、早くから農耕文化が始まった「肥沃な三日月地帯」として知られています。ちょうどブーメランのような形をしたこの地域では、年間の平均降水量が二〇〇ミリメートルを超えます。日本は一五〇〇ミリを超えていますが、これは世界平均の二倍近くに達する量です。こう書くと三日月地帯が低く感じられるかもしれませんが、隣接地域と比べればかなり高く、たとえばエジプトのカイロでは二五ミリほどしかありません。

考古学的調査によっても三日月地帯の肥沃さは確かめられていて、ひと粒の麦を播《ま》いて収穫時に何粒とれるかをみる「収穫率」という指標がありますが、古代の同地域ではゆうに二〇を超える数字がはじき出されています。これは、中世や近世のヨーロッパを軽々としのぐレヴェルです。

この点に関して、さきに「エデンの園」の話がありましたが、この楽園にもモデルとなったと思われる地域があります。紀元前二五〇〇年頃にメソポタミアにあった「グ・エディン・ナ」と呼ばれる地で、ラガシュとウンマというふたつの都市国家がその領有をめぐってしばしば争うほどに肥沃な土地だったとされています（一〇〇年ほども続いたとされるこの戦争が、記録に残る最古の都市間戦争となっています）。二大河流域には最高で八〇にも達する収穫率を見込める地域もあったそうですから、なるほど後世の人々に「楽園」として記憶されるに相応《ふさわ》しい地だったのかもしれません。

ともあれ、西洋の食文化の中心をなす麦種の栽培が、約一万年前頃から肥沃な三日月地帯で始まりました。同地域のみならず古代エジプトにおいても主食は早くからパンであり、江戸時代の日本で米を年貢として納めていたように、エジプトでは麦やパンが税貨の役を果たしていました。また、やはり麦を原料とするビールの製造も古くから始まり、約五〇〇〇年ほど前からメソポタミア、次いでエジプトで飲まれ始めています。一方、ブドウから作られるワインは、小アジアや地中海地域で早くから作られ始めており、古代のひとびとの重要なヴィタミン源となりました。

●定住生活と住居

農耕文化が発達すると、決まった平地を耕して何度もそこを使う方が理にかなっています。そのため、ひとびとは定住を始めます。火を用い始めて後、当初は洞窟のなかに住んでいたのでしょうが、山や岩場の壁面に造られる同種の横穴式住居は平地から距離があることもあって、ひとびとは平地に住むための住居を造り始めます。平らな地面に家を建てるには穴を掘って柱を立てる、あるいは石をそのまま積み上げて円筒形にするなどの工夫が必要です。これら竪穴《たてあな》式住居は、もとからある洞窟を利用したり、山の斜面にただ穴を掘るのに比べて、ひと手間余計に必要となります。言い換えれば、それだけ文明が進んだ段階を示しています。

地中海にうかぶサルデーニャ島はイタリアの領土ですが、非常に個性的な歴史と文化がよく保存されてきた土地です。地中海沿岸の都市というと、ギリシャ系やケルト系のものが多いのですが、この島には他にもフェニキア人などが足を踏み入れてきたことがわかっています。フェニキア人は現在のシリアやレバノン周辺にいたカナン系民族で、

図 4-03 ヌラーゲ・ス・ヌラジの中央塔から周囲を見渡したところ、石を円筒形に積み上げて造られた住居ヌラーゲが集落をなしている

古くは中央アジアの遊牧民族だったとも考えられています。彼らもギリシャ諸都市と同じように、カルタゴに代表される植民都市を地中海各地に築きます。

サルデーニャ島内にはジッグラトによく似た構造物が残っていますが、おそらくはフェニキア人が伝えたものと考えられています。そうした各地域からの建築様式が混入して、やがてサルデーニャには「ヌラーゲ」と呼ばれる独自の巨石文化ができあがりました。

ヌラーゲとは、一辺一メートルにもなる石のブロックを、少し地面を掘り下げたところから円筒状に積み上げた建物のことです。それらは単独で存在することもありますが、複数のヌラーゲがくっついて大きな集落を成すこともある点が特徴的です。そうしてできた集落の中央には、物見台か神殿に使われたと思われる、高さ二〇メートルにも達する塔があります。小さなヌラーゲが大きなヌラーゲを取り囲んでひとつの単位を作り、さらにそれが増殖していく様はあたかもフラクタル図形を思わせます。

四国と同程度の面積の島に、こうしたヌラーゲがおよそ七〇〇〇基も発見されていいます。それらの基礎部分は数千年前から使われたものと思われますが、現在残っているヌラーゲは紀元前一五〇〇年頃から建てられたものです。この巨石文化は、最終的には島全体がローマによって支配された紀元前三世紀頃まで建築が続けられたと考えられていいます。窓もないため墓だと考える研究者もいるほど住居としての快適さを欠いていますが、古代の竪穴式住居はこのように、まずは石をそのまま周囲に積み上げただけの、柱も窓もない単純な構造物だったでしょう。とはいえ、これだけの数と大きさの石を積み上げる労力は想像を絶するものだったはずです。

一方、メソポタミアの二大河流域は粘土層で、地中をちょっと掘ったぐらいでは大きな石がほとんど出てきません。そのため、粘土を固めて太陽光で乾燥させる日干し煉瓦《れんが》が早くから使われています。仕方なく生み出された技術とはいえ、木枠のようなものに入れて固めれば形と大きさの揃った煉瓦が大量にできるため、複雑で高度な建築物を建てるのには適していますし、持ち運びも容易です。さらに、焼いて硬度を増した焼成煉瓦も登場し、建物に一層の堅牢《けんろう》さをもたらします。こうして、シュメール人たちのジッグラトや都市の城壁などはすべて煉瓦で造られました。同じ巨大建造物でも、エジプトのピラミッドが巨石でできているのとは大きな違いがあるわけです。

●都市とインフラ

「肥沃な三日月地帯」では雨水をそのまま農業に用いる「天水農業」が可能でしたが、二大河の中流域から河口地域（海岸線は今よりもっと北にありましたが）にかけての一帯ではそれほどの降水量がありません。しかし、そばには豊富な水量を誇る二本の大河が流れています。そこで、二大河の付近に住むひとびとは川から生活用水を得るだけでなく、川から水をひいて農業用水とする「灌漑《かんがい》農業」を始めます。

これは大仕事なので多くの人の手を必要としますが、同時にこの方法によって安定的に水を得ることができるため、一定地域に多くのひとびとが住むことが可能です。はやくも紀元前六千年紀後半に、ティグリス川の中流域で人工的な灌漑設備が造られたことがわかっています。まさにこうしたインフラ整備によって、二大河下・中流域でシュメール人による都市国家がいくつも誕生していきます。先に、都市化こそ文明化と書きましたが、こうしたインフラ整備によってこそ、その後の西洋文明の基礎となる文明が出来ていったのです。

シュメール神話における知性の神で人類の創造主でもある神エンキが、水の神だったことは象徴的です。古代メソポタミアの都市国家群の盛衰記『シュメール王名表』（後述）の中でも、最も古い王権が誕生したとされる都市国家エリドゥは、このエンキ神信仰が盛んな街でした。それだけ、シュメールの都市の成立にとって、水が重要なファクターだったことを示しているかのようです。

一九六四年から発掘が始められた、テル・エス＝サワーン（テル・エッサワン）という都市遺跡があります。バグダードの北一一〇キロメートルほどのティグリス河岸に位置する同遺跡は、紀元前六千年紀に形成された都市で、長辺三五〇メートル、短辺一五〇メートルほどの、やや楕円形《だえんけい》のような小さな長方形の姿をしています。一辺は川に面していたのですが、他の三辺をぐるりと囲むように、三メートルほどの幅の濠《ほり》が掘られていて、川から直接水が引かれていました。そのとおり、彼らは灌漑工事を心得ていたようで、周辺にも灌漑設備の跡があり、都市のなかには麦の集積場とも思われるやや大きな建物がたっていました。

この遺跡で注目すべきは、外周をとりまく濠の内側に、煉瓦によって造られた頑丈な城壁があって、濠と並んで都市をぐるりと囲んでいた点です。城壁は他の勢力の攻撃から都市を護《まも》るためのものですから、このことは、紀元前六千年紀の昔に都市ができると、はやくもその頃から他の都市勢力との武力衝突があったことを意味します。都市化すなわち文明の歴史は、その最初期から同時に戦争の歴史でもあったのです。人々はますます都市に住むことを選び、都市人口が増えていきます。実際にシュメール文明では、全人口の八割以上が都市に住んでいたと考えられています。

都市間の抗争は、当然ながら勝者と敗者を生み、一都市が他を征服していけば、一定範囲の地域を支配する勢力が徐々にあらわれ始めます。やがて都市国家を統合するような勢力があらわれ、それらを統《す》べる強力な権力者があらわれるようになります。都市規模も大きくなり、城壁もその高さと厚みを増していきます。後述するような多くの職業ができ、さまざまな文化が誕生し、都市機能も高度化していきます。増えていく都市人口を支えるためには食料の安定供給が必須ですから、二大河やナイル川のようにしばしば氾濫を繰り返すような河川の流域では（そして大都市国家はえてしてそうした地域に誕生しやすいものです）、権力者は多くのひとびとを動員して大規模な治水工事をはじめます。

治水工事は古代世界における大規模事業を代表する存在です。こうして、運河のような巨大インフラが整備されていきました。強大な権力者は自らの権威を大型墳墓などによって示し、神殿を建てて人民の信仰を奨励し、自らはたいてい現人神《あらひとがみ》として崇拝される側にまわります。こうして、本書でこれまで見てきたような神話や巨大建造物が歴史にその姿を残していくようになったのです。

3　文字と記録

私たちが用いている漢字が、もともと絵から始まったと、小学校の国語の授業かなにかで習ったと思います。漢字の生みの親である古代中国のひとは、太陽を見て「☉」のような図形を思い浮かべ、そこから「日」という漢字を生み出しました。「山」や「木」なども、それぞれが意味するものの形を思い浮かべれば、そこまでの過程は容易に想像できると思います。

つまり、「文字の始まりは図形から」と言えます。こうして出来上がった文字のことを、ものの形を象《かたど》った「象形文字《しょうけいもじ》」と呼びます。英語ではPictographと言いますから、まさに絵による文字を意味しています。現代でも同様の働きをしているものに、男女の体形や衣服の特徴を図形にした洗面所のサインなどがあります（ちなみに男女のイメージの固定につながると、使用に反対する人もいます）。

シュメールは最古の文字文明を残した民族ですが、最初はやはり象形文字からスタートしています。掲載例（図4-04）は象形文字の最初期のもののひとつで、粘土を四角

図4-04　シュメールの象形文字例、
紀元前四千年紀第四四半期の粘土板、
パリ、ルーヴル美術館

く固めたものに、その表面がまだやわらかいうちに図形を刻んで乾かしたものです。上下二段になっていますが、その上段左手にある図形に注目してください。それが「手」であることがおわかりだと思います。この文字は「受け取った」ことを意味しています。つまりこの粘土板は、麦を受け取ったことを記した受領証のようなものなのです。

シュメールの都市国家のひとつウルクでは、紀元前三二〇〇年ごろまで遡ることができる地層から、一〇〇〇枚を超える絵文字（これをウルク古拙文字と呼びます）の粘土板が見つかっています。決まった発音があったかさえわからない、いまだ解読できない部分の多い言語ですが、これが人類が初めて手にした文字となりました。

しかし、毎回手間ひまかけてイラストを描いているようなものですから、もっと単純化して書きやすくする模索が始まります。幸い、メソポタミアの土壌は粘土質ですから、粘土は無尽蔵にあり、また二大河のそばにはカミガヤツリなどの草がビッシリと生えています。そこから、その草の茎を切断して断面を▼の形にし、粘土板に押しつけて線をひく書写法が考案されます。この方法で書けるのは直線と▼だけですが、これらを組み合わせて、もともとの象形文字から単純化した文字がつくられていきます。これが「楔形文字《くさびがた》」です。

日本では、横浜の神奈川県庁そばにある横浜ユーラシア文化館などで、楔形文字が書かれたシュメール粘土板の実物を見ることができます。同館は三〇〇点を超える粘土板を収蔵していて、ホームページなどでも和訳文と画像付きで詳しく解説されています。収蔵品は紀元前二一世紀のウル第三王朝時代のものが中心で、興味深いことにそのほとんどが家畜や穀物、皮革などの引き渡しを記したものです。それらを管理するお役人が発行した受領証のようなものです。

掲載作例（図4-06）は縦横とも三センチメートル強の大きさで、表と裏の両面に楔形文字が記されています。内容は年老いた二頭のロバの皮に関するもので、犬がちょっと食べてしまったその残りを貯蔵庫に納めました、というものです。律儀に「シュルギ王の治世四七年」という書き込みがあるので、そこから制作された年も正確に知ることができます。

楔形文字は長い時間をかけて形が大きく変化していきますが、古代オリエント世界を

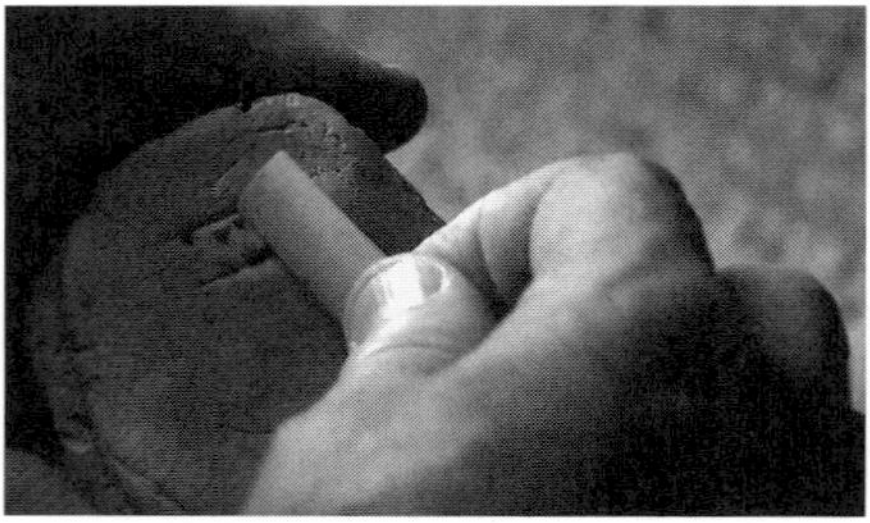

図 4-05　楔形文字の書写法、J・ポール・ゲッティ美術館制作による説明動画からの一場面

図 4-06　ウル第三王朝時代のシュメール楔形文字粘土板の例、紀元前 2047 年、横浜ユーラシア文化館

通じて最も普及した言語となりました。本書でもシュメール語とアッカド語がすでに登場しましたが、同じ楔形文字でルーツは一緒ながら、面白いことに文法構造に大きな違いがあります。シュメール語は「名詞＋助詞」という形をとり、助詞の変化で格や目的などを示します。つまり「私＋は」「私＋の」という形をとる日本語やトルコ語と同じ膠着《こうちゃく》語という言語の仲間です。一方のセム系アッカド語は単語自体が変化する屈折語といわれる言語の一種で、「I＋am」「My＋book」となる英語などと同じ仲間です。世界的規模で見ると、後者に属する言語の方がはるかに多くなっています。

●表意文字と表音文字

古代エジプトで用いられたヒエログリフ（聖刻文字）は、知恵の神トトが発明し、人類に与えたものと信じられていました。そのため、後世ギリシャ語で「神聖な」と「刻む」をそれぞれ意味する「ヒエロス」と「グリュペイン」の二語をあわせて名付けられました。掲載例（図4-07）をみてもわかる通り、シュメールの象形文字よりもさらに絵そのものといった感じです。メソポタミアの象形文字が長い年月の間に激しく形を変えていったのに対し、紀元前三千年紀に登場した時点ですでに複雑な文章の筆記にたえうるものだったことも、ヒエログリフを神から与えられた神聖なものだとひとびとが考えた理由かもしれません。

ウズラの雛《ひな》やハゲワシなどが描かれていますが、頭が向いている方が文頭です。なので掲載例はすべての行が左から右へと読むように書かれていますが、行が変わるごとに読む方向が逆になるように書かれることもよくあります。まるで牛が畑を耕す時に端まで行っては折り返して逆方向に進むようだということで、ギリシャ語で牝牛を意味する「ブス」からこの表記法は「ブストロフェドン」と呼ばれています。

ヒエログリフの形自体はその後も数千年の間ほとんど変化がありません。しかしその間、文字としての更なる発展をみせています。たとえば、パピルスに書記が記す時には、いちいちすべての図柄を丁寧に描いている時間がありませんから、図を簡略化したヒエラティック（神官文字）が用いられるようになりました（日本の草書や行書に相当します）。

また、もともとヒエログリフはシュメールの象形文字と同じように、ひとつの図柄で特定の意味をあらわす「表意文字」として誕生しました。メソポタミアの文字は、楔形文字となった後も大きく変化していき、やがて元の図形が何だったのかほとんど思い出せないほど、直線と▼で複雑に構成された文字となっていきます。その段階で徐々に、意味ではなく単なる音をあらわす際にも用いられるようになります。これが「表音文字」です。私達日本人には、漢字（表意文字）と、そこから創られた平仮名と片仮名（表音文字）に置き換えて考えると理解が容易です。

図 4-07　ヒエログリフの例

表意文字として誕生したヒエログリフは、比較的早い段階から表音文字としても使われ始めました。ここらあたり、『古事記』などに見られるように、まだ平仮名や片仮名が完成されていない日本で、ある音をあらわすのに同じ音にあたる漢字をあてて用いた（仮借《かしゃ》用法）のとよく似ています。

ヒエログリフは一八二〇年代にフランスの天才考古学者ジャン＝フランソワ・シャンポリオン（一七九〇―一八三二年）によって解読されますが、それも彼が表音文字の仕組みに気付いたことによります。たとえばハゲワシは「a」の音を、把手のついた籠（平たい半円形をしています）は「k」の音をあらわします。日本語をローマ字表記する際と同様に、「ア」の音ならハゲワシ（a）だけ、「カ」なら籠（k）＋ハゲワシ（a）になります。シャンポリオンは他の言語で併記されている石板（「ロゼッタ・ストーン」、大英博物館蔵）によって解読に成功します。その際特に、純粋に音声のみで構成される人名（クレオパトラやプトレマイオスなど）の表記が手がかりとなりました。

メソポタミアの楔形文字は最初ほとんど受領証や帳簿のためにのみ用いられていましたが、ヒエログリフは初めから複雑な文章をあらわすことができました。こうして、粘土板ならぬカミガヤツリ（パピルス）の葉を原料とするパピルス紙に、『死者の書』のような文学作品が書かれていきました。

4　法と歴史記述

第二章で、シュメールの都市国家ウルに初期の巨大なジッグラト「エテメンニグル」を築いたウル・ナンムという王を紹介しました。ウル第三王朝の開祖でもある彼には、もうひとつよく知られた歴史上の功績があります。それは、現在わかっているなかでは最も古い法典を作ったことです。紀元前二〇三〇年代に完成したと思われるこの『ウル・ナンム法典』は、それまで用いられていた慣習法などを整理して刑量のバランスをとり、編纂《へんさん》して記したものです。

その後、セム系のアムルゥ人が建てた都市国家イシン第一王朝の第五代の王、リピト・イシュタルによって『リピト・イシュタル法典』が編纂されます。紀元前一九三〇年代後半から二〇年代前半にかけてシュメール語により書かれたもので、基本的には『ウル・ナンム法典』を踏襲しています。

図 4-08 『ハンムラビ法典』、スサ出土、紀元前 18 世紀前半、パリ、ルーヴル美術館

「目には目を、歯には歯を」という言葉をご存じの方も多いでしょう。この有名な条文が出てくることでひときわ名高いのが、ルーヴル美術館の至宝の

ひとつ『ハンムラビ法典』です。高さ二メートルを超える縦長の黒い玄武岩に書かれたもので、最上部に浮彫りが、その下に条文がびっしりと並んでいます。浮彫り部分では、玉座にすわった法の番人たる太陽神シャマシュと、その前に立つハンムラビ王の姿が彫られています。

ハンムラビ王はやはりアムルゥ人が建てたバビロン第一王朝の、第六代の王にあたります。彼は紀元前一七九二年に即位して、亡くなるまでの四三年間の長きにわたり、ウルクやイシンといった近隣諸都市国家を征圧して王国の版図を広げました。この大型の石碑は一九〇一年にフランス隊がスサで発見したもので、そのせいで今もフランスが所蔵しています。前述した先行する法典が見つかるまで、世界最古の法典だと思われていたことも、高名さの理由のひとつとなりました。

●目には目を

さて「目には目を」などと書くと、まるで「同じだけやり返せ！」と言っているように聞こえるので、なんだか野蛮な感じがするかもしれません。実際にそのせいで、かつてメソポタミアの法といえば、受けた損害と等しい罰を与える「同害復讐《ふくしゅう》法（同態復讐法）」だと思われてきました。こうした理解は完全な間違いとも言えないのですが、少し修正されるべきでしょう。ここで古代メソポタミアの代表的な三法典の条文の例を見てみましょう。

もし「人が……ほかの人」の足を傷つけたならば、彼は銀一〇ギンを量るべきである。
（『ウル・ナンム法典』第一八条　小林登志子訳）

（牛の）眼を損じたとき、（その牛の）価格の二分の一（を支払わなければならない）。
（『リピト・イシュタル法典』第二四七条　三笠宮崇仁親王訳）

もし、アウィルム（＝自由人、正規市民：引用者注）がアウィルムの眼をつぶしたときは、彼の眼をつぶす。
（『ハンムラビ法典』第一九六条　同前）

同害復讐法であれば、他人の足を切ったらその人も足を切られそうですが、引用例でわかるとおり、『ウル・ナンム法典』では基本的に銀貨などで清算するよう書かれています。『リピト・イシュタル法典』でも同様で、つまりはこうした法典は、実際の裁判に際して強制力をもつ今日の法律のように用いられたというよりはむしろ、経済的にケリをつけるための価格の相場が例示されていると見るべきでしょう。

引用した『リピト・イシュタル法典』の条文例は、まったく同じ内容のものを『ハンムラビ法典』にも見ることができます。たしかに『ハンムラビ法典』の条文例は「目には目を」と呼んで差し支えなさそうですが、これに関しても、もし目をつぶされたのがアウィルムではなくムシュケヌム（＝半自由人、非正規市民）であれば銀一マナ（約五〇〇グラム）、もし奴隷の目であれば、その奴隷の価格の半額を支払えと書かれています。身分によって賠償金に差があるのも失礼な話ですが、ともあれ、いつもいつも同態の罰を加えるのではなく、損害に見合う罰の相場を示しただけの、非常に冷静で客観的な法典だということがわかります。

さらには、こうした「罰の相場」によって、かえって過度の復讐を防ぐ効果もあったでしょう。事実、『ハンムラビ法典』の編纂目的が書かれている前文には、「強い者が弱い者を虐げないように」という一節が含まれています。世界最古のこれらの法律は、意外にも公平さをかなり意識して作られているのです。

命には命、目には目、歯には歯、手には手、足には足、やけどにはやけど、生傷には生傷、打ち傷には打ち傷をもって償わねばならない。

――『出エジプト記』二一：二三―二五（新共同訳）

『ハンムラビ法典』の石碑は王国内の各地に建てられたので、メソポタミア地域に広く知れわたり、後世にまでその理念は引き継がれていきました。引用したように、旧約聖書でも、神がモーセにこまごまとルールを伝えていくなかのひとつとして、「目には目を、歯には歯を」の条文が登場します。明らかにシュメール系の法典の影響下にあることがわかりますし、ユダヤ民族はより明確に同害復讐色を強めていることも明らかです。

旧約聖書はキリスト教徒にとっての聖典ともなりますから、後に西洋文明がキリスト教の影響下に置かれることを考えれば、今日の私たちが「目には目を、歯には歯を」と用いるときのニュアンスは、『ハンムラビ法典』からではなく、むしろそれを改編した旧約聖書に基づいていると考えるべきでしょう。

●そして歴史は作られる

文字ができる以前は、神話は当然ながらすべて口承によって伝えられていました。それこそ、数百年という単位で。そうやって少しずつ形づくられていった神話は、往々にしてその地域や国のはじまりの物語でもあります。その後、文字が出来上がってから、たとえばある王が自分のなしとげたことを後世に書き残そうと考えたとします。彼は、自分の国について語るために、自分の治世にいたるまでの代々の王たちについても記そうとするでしょう。こうして数々の「歴史書」が書かれていったわけですが、面白いもので、前述した理由により、歴史のはじまりの部分はたいてい神話的段階によって占められることになります。日本の『古事記』などもその一例ですし、旧約聖書も神話からスタートして途中からユダヤ民族の歴史書になります。

そうした歴史書の最古のもののひとつに、先にも挙げた『シュメール王名表』と呼ばれる文書があります。それまでにも歴史書がさまざまに書かれたと思われますが、ウル第三王朝時代に書かれた『シュメール王名表』（現存するものは古バビロニア時代の写本）は、系統立てられた構成といい、扱われている時代の長さといい、またその客観的な歴史記述の面から見ても、古代世界を代表する歴史書のひとつに挙げられます。

そこには、都市国家群によって構成されたシュメール文明にふさわしく、どのような順番でどの都市が覇権を握っていったかが記されています。すでに述べてきたように王の権威は神から与えられたものと定義されていましたから、同書は「天から王権が降り」との一文から始まります。

最初に覇権を握ったのは都市エリドゥで、すでに触れたようにたった二人の王があわせて六万四八〇〇年も統治したと書かれています（「最初の人類は完全体に近い」という約束事を思い出してください）。その後いくつかの都市を経て、シュルッパクが栄えます。そして興味深いことに、「洪水がすべてを洗い流した後」にキシュへと覇権が移ります。そうです、第一章で見た大洪水は神話的段階のエピソードですが、れっきとした歴史の一部として扱われていたのです。

その後、同書は徐々に神話的色彩を弱めながら、史実の割合を高めていきます。人類の寿命は短くなっていき、王や王朝の名も歴史的事実として確かめられるものになっていきます。同書をお手本として、後世の各王朝が自分たちの歴史書を作っていきます。本書でも何度か、文明化とは都市化とほぼ同義と述べてきましたが、こうした歴史書が、文明の歴史はすなわち都市の歴史であることをあらためて示してくれます。

もちろん、歴史書の扱いには注意が必要です。最初の部分がたいてい神話的段階にある点だけでなく、歴史書は常に「書いた者にとっての歴史」だからです。たとえば本書で何度か登場したノアですが、旧約聖書には彼の三人の息子たちについての逸話があります。

あるとき、ノアはぶどう酒を飲んで酔い、天幕の中で裸になっていた。カナンの父ハムは、自分の父の裸を見て、外にいた二人の兄弟に告げた。セムとヤフェトは着物を取って（……）父の裸を覆った。二人は顔を背けたままで、父の裸を見なかった。ノアは酔いからさめると、末の息子がしたことを知り、こう言った。「カナンは呪われよ。奴隷の奴隷となり、兄たちに仕えよ。」

——『創世記』九：二一—二五（新共同訳）

酒に酔った父の裸体を、息子のひとりは見て、ほかのふたりは見ずに服をかけてあげます。聖書にはこのように何のために書かれたのか、何を意味するのかよくわからない逸話がありますが、それらの多くは対立民族との関係から説明できます。

ノアの息子たちの場合、長男のセムは中東地域のアジア系人種の祖とされています。ユダヤ民族の祖となるアブラハムもセムの家系から出ます。一方、次男のヤフェトはヨーロッパ系白人の祖として、そして末っ子のハムはカナン系諸民族およびアフリカ系黒人の祖とみなされています。

さて、カナン系とアフリカ系はいずれもユダヤ民族の周辺民族であり、つまりは対立民族でもあるのです。そうしてみると、ノアの「呪われよ、兄たちの奴隷となれ」という、自分の子に言うにしては厳しすぎるセリフにも合点がいきます。つまり、末っ子のハムだけが呪われるのは、彼を祖とする敵対民族が呪われていることを意味します。もちろんこのエピソードはユダヤ民族が考え出したものなので、ユダヤ民族は対立民族のはじまりを、言ってみれば勝手に作って貶《おとし》めているわけです。

こうした例は、諸民族による歴史書の中でも、特に旧約聖書に多く見られます。それだけユダヤ民族が受難の歴史に翻弄されてきたからこそなのですが、しかしこうして書き残すことで、後世振り返って見た場合に彼らこそ「歴史の勝者」となることができたと言えます。

5 時間と数字

さて農耕が始まると、知っておく必要のあることがらがいくつか出てきます。ひとつは先述した水の引き方なのですが、他にもたとえば天候や日の出と日の入りの時間、そしてそろそろ暑くなっていく、あるいは寒くなっていく時期、つまりは春分と秋分という季節の変わり目などが重要になります。筆者がまだ幼い頃、農業を営んでいた田舎の祖父母が空を見て、「お、もうじき雨だな」とつぶやくと、必ずそれから夕立が降ったりしたのを見て不思議に思ったことがあります。太古のひとびともそうやって、経験則によって少しずつそうした知識を蓄えていったことでしょう。

旧約の神が六日間で世界を創り、もっと古いジウスドラの洪水神話が、「七日（と）七晩のあいだ、大洪水は地に流れこみ」と書いていたように（第一章）、「日」と「夜」を単位とする考え方は太古の昔からありました。ジウスドラの例では、今のように太陽が出ている日中と夜中をあわせて一日と数えるのではなく、「日中（昼）」と「夜中（夜）」とを分けて数えていたこともわかります。

そして、やはり第一章で扱ったアトラ・ハシースの洪水伝説にはやくも「水時計」に関する記述があります。紀元前一六三〇年代に書かれたものですから、メソポタミア地域では早くから水による時間計測法が確立されていたことを教えてくれます。水時計はその後、ギリシャはじめ地中海地域に広まっていきます。いずれも、段状に配置された容器のあいだを、上から下へと徐々に水が移動することで計測するやり方です。その後、日時計や砂時計、さらには機械仕掛けによる時計へと計測法もヴァリエーションを増していきました。

では時間の単位はどうやって決まっていったのでしょう。太陽が出て、沈んでまた出てくるまでが「いち日」となったら、次は「月」です。これは夜に月を見上げれば、日々どんどんとその形が変わっていくので容易に定められたことでしょう。こうして新月から次の新月までが「ひと月」という単位になります。

「年」はそれらふたつに比べるとやや複雑で、地面に一本の棒を立て、毎朝出る太陽がつくる影の位置を記録したりする手間が必要です。こうした方法で太陽のまわりをまわっている地球が、もとの位置に戻ってくるまでの時間が測られるのですが、もちろん古代のひとびとは太陽のほうが天空を駆けていると考えていたので、彼らにとっては「太陽がもとの位置に戻ってくるまでの時間」、たとえば「春分の日から次の春分の日まで」にあたる時間が「いち年」として定められました。

こうして得られた「月」（＝朔望月《さくぼうげつ》）を一二倍するとほぼ「年」（＝太陽年）に等しくなります。単純化すれば、月の単位のほうを基準とすれば太陰暦、年を基準とすれば太陽暦となります。そして古代メソポタミアやエジプトでは太陰暦が採用されました。一朔望月は約二九・五日なので、二九日ある月と三〇日で構成される月とが交互に並べられていました。それでも、ただ一二倍しただけでは太陽年とのずれが生じますから、今日のような「閏月《うるうづき》」が適宜挿入されて調整がはかられました。現在私たちが使っている暦は一六世紀にヨーロッパで定められたグレゴリウス暦という太陽暦なのですが、古代中国などでも太陰暦が採用されていたので、やはり最初は月の満ち欠けのほうが数えやすかったせいではないかと思っています。

一日が二四時間（時計の針は一二時間）、一時間が六〇分と、すべて一二の倍数でできているのも、一年＝一二月という単位ができたからこそです。人類はこうして「時間」という概念を得て、その計り方を手に入れます。天候予測や時間計測の専門家である「星読み」のひとびとは特殊技能の持ち主であり、多くは神殿の神官などを兼ねていました。占星術師たちの助言はしばしば為政者たちの政策決定を左右するほどでした。月ごとに神や星座があてがわれて神話と深く結びついていったのも、それだけ古代における天文学が重要だったせいもあるでしょう。

●数字の誕生

時間の区切りができれば、人類は一日、二日と数え始めます。また、狩猟をすれば捕まえた獲物の頭数を数え、農耕が始まればその収穫した量を、そして家畜を飼えばその頭数を人類は数えるようになります。こうして「数」の概念と「数字」という記号が生まれます。

二万年ほど前のものである「イシャンゴの骨」という出土品があります（図4-09）。現在の中部アフリカのコンゴ民主共和国にあるイシャンゴ遺跡で発見されたもので、ヒヒの腓骨《ひこつ》に細かく傷がつけられています。明らかに人為的につけられた傷が、骨の表面にびっしりと三列に並んでいます。一九六〇年に発見されて以来、人類がなにかの数をカウントして記録した最古の例として話題をよび、なかには足し算や掛け算などの初歩的な数式だとする説もあるほどです。一方で、握って振る時に滑らないように加工しただけという説もあるなど、今日でもまだその解釈は定まっていません。もし最後の解釈が正しいとすると、しかしその傷はあまりに細かく短く、数も多すぎるように思

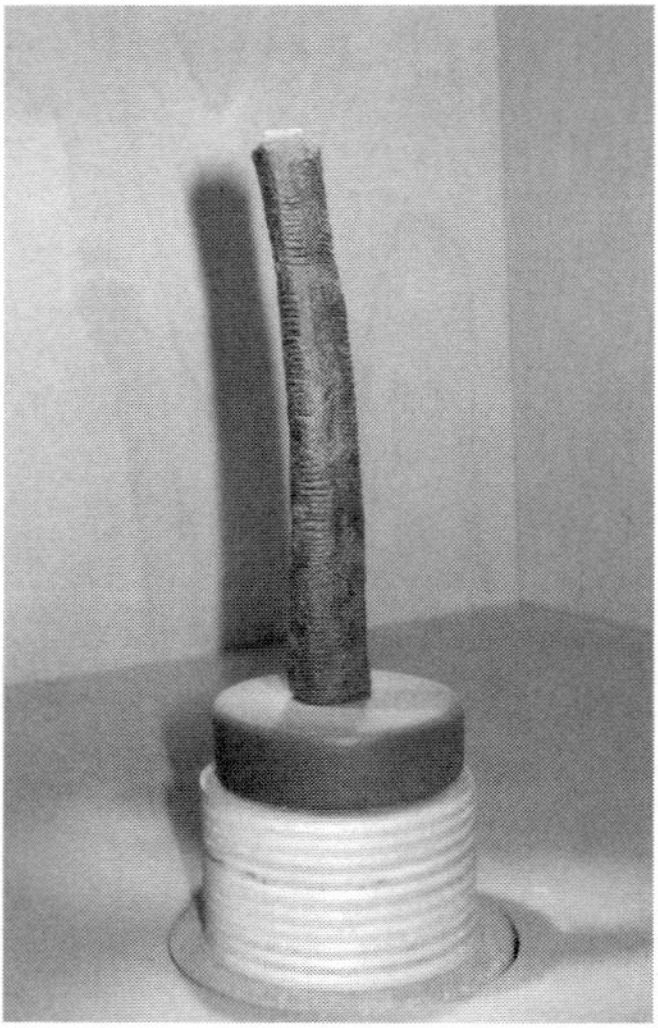

図4-09　イシャンゴの骨、ベルギー王立自然史博物館

えます。おそらくは、獲物や人数や日数など、やはり何らかの数を細かく記録したものとして良さそうです。

その後、紀元前八〇〇〇年ほどから、メソポタミアでは粘土製の小さな粒であるカルクリ（ジェットーネ／クレイ・トークン）の数種類を使い分けて数を記録する方法が用いられています。小さな円錐《えんすい》が一、小さな球を一〇、大きな円錐を六〇といったように、六〇進法に一〇を補助的に用いた計算方法だったとする研究があります（諸説あります）。これらを大きな中空の球であるブッラに入れるなどして、たとえば納められた収穫物の量を記録するなどしたと考えられています（図4-10）。

このように、農耕を基本とする集団生活が始まれば、集積所に納めたりといった際に計量する必要が生じます。また、農耕とともに暦も始まりましたから、やはりそこでも数をカウントする習慣が生まれます。なか

図4-10　カルクリ（ジェットーネ）とブッラ、紀元前三千年紀、クラーク大学（米国ウースター大学HPより）

図 4-11　〈リンド・パピルス〉、紀元前 1650 年頃、ロンドン、大英博物館

でも古代エジプトでの数学の進歩にはめざましいものがあります。これはエジプトが農業大国だったことと関係があるかもしれません。

　古代エジプト数学の高度さを示すものは多いのですが、とくに「リンド・パピルス」と呼ばれるパピルスには、幾何学や整数論に関する数式が示されています（図4-11）。そこには、円周率の算出法、等差数列、一次方程式など、現代の中学生もびっくりの数学的知識が披露されています。なるほど、満足な機械もない時代に、東西南北方向の誤差や辺の長さなどにほとんど狂いが無いピラミッドのようなものを造ることができたわけです。

　こうして各地で数の概念が誕生し、数字が発明されていきました。漢字の一、二、三もそうですが、ラテン数字のⅠ、Ⅱ、Ⅲのように、多くの言語圏で最初のいくつかの数字が象形文字そのものであることは興味深い共通点です。しかも、四以上になるといきなり画数と数字が一致しにくくなる点も同じです。いかなる民族も、三あたりまではそのまま線を並べる方が速いものの、それ以上になると別の文字を使ってあらわした方が便が良いと感じたのでしょう。

●貨幣・税・身分

ある地域に共同体が発生すると、その地に適した収穫物を多く手にします。そうなると、離れた共同体のあいだでお互いの収穫物を交換するような行為も発生します。はじめからすべてが平和的におこなわれていたとは思えませんが、そのうちに取引として習慣化するようになります。共同体が大きくなれば、そしてさまざまな技術が進歩していけば、おのずと足りない材料や食料も増えていくことでしょう。そうなると、さらに遠くの地域まで買い出しにいく必要も生じます。その場合、自分たちの共同体で穫《と》れたものを交換のために運ぶこともあるでしょうが、より小さくて持ち運びに便利な「価値が保証されたなにか」を持っていった方がはるかに便利です。これが「貨幣」が生まれたひとつの要因です。

他にも、共同体の人口が増えて大きくなっていけば、先述したようにリーダー的な存在も出てくるでしょうし、運営をはかる上位集団もできていくでしょう。そうすると、彼ら以外の一般民衆とのあいだに身分的格差が生じ、経済的格差へとつながっていきます。彼らは自分たちの富を、やはり収穫物以外に価値の保証されたなにかの形で蓄えることを望むでしょう。穀物のように腐ったりしない材質のものを。

木や石などが使われた地域と時代もありますが、こうして、多くの人がそこに価値を認める材質――ほとんどの場合、それは金や銀などになりました――でできた貨幣が使われ始めます。メソポタミアでは、アナトリア（現在のトルコ南東部）からもたらされた銀が基軸通貨となりました。いわゆる硬貨が登場するには紀元前七世紀頃にアナトリアにいたリュディア人による考案を待たなければなりませんが、それまでにも銀の塊を用いるか、あるいは銀塊を細い棒状にしたものをコイル状に巻いて持ち運び、商取引の際に必要な重さだけ切るような手法などがとられていました。

同時に、共同体の成長や、指導者や君主の登場は、城壁や神殿造りなどの公共事業を生みます。そのために指導者層あるいは支配者層は住民に対し、収穫の一部を庫《くら》に納めることを強制するようになります。こうして生まれた「税」は、各自の農地の広さや家族の人数などを基準に掛けられ、またその市の城門を通るものに通行税として掛けられるようになります。古代ローマなどのように、この税を収穫物でなく貨幣で支払うように求めることも早くから始まっています。

こうしてみると、良くも悪くも、文明の初期段階からすでに格差や身分差が自然発生的に生じるものであることがおわかりだと思います。なんだかやるせない気がしますが、文明が生む副産物だとみなすことができるでしょう。招かれざる副産物としては、他に「戦争」や「奴隷制」なども登場します。王や神官といった上の階層とは逆に、最下層に位置するのが奴隷です。

彼らは歴史のうえでは、共同体が他の共同体との戦いに敗れた時に誕生しました。ある共同体の住民をごっそり自分たちの共同体に連行し、そのまま奴隷とするようなこともよくおこなわれていました。共同体の拡大は他の共同体との衝突を生み、戦いが生まれ、その結果として不幸な奴隷たちが生まれたのです。

6　古代人の一生

何歳で死に、何人の子をもうけたといったことがある程度記録されている王侯貴族と異なり、一般庶民の生涯や日々の過ごし方を知ることのできる資料は多くありません。そのわずかな記録と人骨や墓、家具調度品などの考古学的調査から、古代人の一生を想像してみましょう。

現代と比較するとわかりやすいので、まず今日の日本人の平均寿命をみると、二〇一五年の統計で男性の平均寿命は八〇歳を超え、女性は八七歳に達しようとしています。社会の授業や新聞などでご存じの方も多いと思いますが、日本はいまや世界一の長寿国です。しかしこの数字はここ数十年で急激に伸びたもので、わずか二五年前の一九九〇年では男女とも現在より約五歳短く、太平洋戦争直後の段階では男性の平均寿命は約五〇歳にすぎません（女性は約五四歳）。

考古学的調査などから、縄文時代の日本人の平均寿命は十代なかばしかなく、江戸時代にようやく三十代に乗ったと考えられています。農耕レヴェルなどによって地域により栄養状況は異なりますが、縄文期と同じ条件（新石器、農耕定住化）の社会であれば、ほぼ同程度の平均寿命だったとみてよいでしょう。

ただし、十代なかばという数字は乳幼児死亡率の高さによって引き下げられたものであり、幼い頃に死ななかった人はたいてい二〇年以上生きたようです。乳幼児死亡率は近代以前には恒常的に高く、それだけ平均寿命が引き下げられます。たとえば一世紀頃の古代末期のエジプトと、一四世紀のイングランドが、同じように二十代なかばの平均寿命です。三人から五人にひとりの子が生後間もなく亡くなる状況だと想像して下さい。そしてひとりの女性は、一生の間に五人から八人の子を産んでいました。

本書で扱っているような古代世界では、やはり平均寿命は十代なかばから、高くても二十代前半だったとみてよいでしょう。どうでしょう、現代に置き換えれば高校生や大学生の間に一生が終わってしまうのです。前章までで古代人はやたらと死後の世界への関心が高いように感じられたでしょうが、それだけ彼らの一生が短く、死が常に身近な存在だったからなのでしょう。

また、現代日本では癌《がん》が死亡原因の一位を占めていますが、たとえば戦前であれば結核や肺炎が主たる死因でした。ヨーロッパではその他にマラリアや天然痘も古代より大きな脅威であり、一四世紀にペストが入ってきてからはペストがながらく死因のトップにありました。また、ひとりの女性が産む子の数の多さも先に見ましたが、出産時の感染症（産褥熱《さんじょくねつ》）は女性の死因の上位を常に占めていました。

古代人も、ウイルスや細菌、寄生虫によってもたらされる病や、特定の栄養素の不足に起因する病が主たる死因だったと思われますが、さらに衛生観念の欠如のせいで、単純な切り傷などでも今と比較すればはるかに死へと結びつきやすかったことでしょう。

●愛と結婚

私の望む恋人は　川の向こう側で寝ている（中略）
私は川に跳び込み、歩いて渡りはじめる　深みなど怖くはない　鰐《わに》さえも怖くはない（中略）
愛が私に強さをくれる　愛は私の魔法の呪文

——古代エジプトの恋愛詩より（新王国時代の紀元前一四世紀頃か。内田杉彦訳）

愛をうたった詩は古くからあり、旧約聖書にも「雅歌」として採録されています。それだけ愛は、死とならんで人類の二大関心事であり続けました。愛情表現としてはキスのほかに、たとえば鼻と鼻をこすり合わせるなど地域と時代によってさまざまなヴァリエーションがあります。ちなみにこの表現は、息をするための鼻がそのまま生命の象徴となったことに由来しています。また、恋をすると胸が高鳴るものですが、このことから古代エジプトでは、心臓が愛をつかさどる器官だと考えられていました。

求愛のために愛のことばや花を贈る行為も古くからみられ、古代ローマなどでは美しい石なども気を惹《ひ》くためにプレゼントされています。外見を美しく見せようとする努力も早くからおこなわれ、唇や頬に紅をさしたり、目のまわりを縁取る、あるいは耳や鼻に輪を通すなど化粧や装飾にはかなりの多様性がみられます。興味深いのはこうした化粧やアクセサリーをする場所はたいてい身体の開口部の周囲なのですが、これはかつては病などをもたらす悪い霊は孔《あな》から体内に侵入すると思われていたことと関係があります。そのため、目や口、耳などのまわりに入墨をしていたことなどが、現代まで続く化粧の起源となったのです。ただ化粧の材料には水銀や鉛が長く使われていたため、身体に害となっていたことでしょう。

こうして恋に落ちた相手と、誰もがそのまま結ばれるわけではありません。人類の長い歴史を通じて、結婚は個人間よりも家同士で決められるほうがはるかに多かったからです。サルの群れなどを見てもわかるように、生物学的には強いオスが複数のメスを確保して子をなすほうが、結果的にその集団を強くするためにも有効です。人類も原始的な段階では同様のシステムをとっていたでしょうし、今日でもしばしばみられる一夫多妻制もその名残といえます。

ただ古代の西洋世界ではっきりとこの形態をとっていたことがわかるのは、ヘブライ人（ユダヤ民族）や古代ギリシャの一部などにとどまります。階級によっても異なりますが、メソポタミアやエジプトでは早くから一夫一妻制をとっていました。ただ、正妻はひとりでも複数の女性（妾《めかけ》）がいたり、女性の奴隷がその役をはたすパターンも特に上流階級に多くみられます。

こうして、経済力に富む男性が女性を多く抱えることもよくあったのですが、妻をもらうかわりに家畜などで対価を支払う結婚形態を「売買婚」と呼びます。この形態は古代世界の各地でみることができ、ロマンティックではないのでガッカリさせてしまうかもしれませんが、結婚指輪なども、夫のいわば所有物であることを示すために始まったともみられています。個人の意思を無視する結婚の最たるものが「略奪婚」で、文字通り戦闘や誘拐などで女性をさらってきて妻とする形態です。ずいぶんと野蛮な方法ですが、部族間で抗争があるような状況下ではしばしば行われたとみられ、例として古代ローマの建国神話にも隣国の女性をさらうくだりがあります。

婚姻時に妻側の実家が金銭をもたせる「持参金」も古代からよくみられる習慣です。結婚に際し、男性は経済力が問われるため独り立ちできる年齢まで待たなければならないのに対し、女性はひとりでも多く子を産むためには若い方が良い（一〇歳以下の花嫁もいた）ということで、男女間でかなりの年齢差ができます。そうすると、先に見たように平均寿命は生物学的に女性のほうがもともと長いので、産褥熱などで命を落とさないかぎり、夫の方がたいてい早く亡くなります。そのために考え出されたシステムが持参金です。つまり、夫の死後、収入を得る手段がかぎられる女性たちを待つ長い寡婦生活を支えるために、妻側の実家があらかじめ持たせた年金のようなものなのです。

●職と労働

共同体を作って生活するようになると、集団のなかで役割分担が徐々にできていきます。王のような存在があらわれた状況ひとつとっても、そのお世話をするひと、占いなどで助言をするひとなどの必要が生じます。共同体が大きくなれば、王ひとりではなく指導者層が形成され、プリミティヴな役所や官職ができていきます。道具作りなども特定の人が担当するようになり、職人がうまれます。貨幣の誕生のところで見たように、物流と貨幣ができれば商人も誕生します。こうして、さまざまな職業ができていきました。

紀元前二千年紀に古バビロニアで書かれた行政府の記録と思われる「初期王朝期表E」と呼ばれる写本には、官職名や職種が合計二〇〇以上も書かれています。古代オリエント史の専門家小林登志子（一九四九年―）によると、そこには鍛冶《かじ》屋や髪結い、医師や教師、布を織る人に皮をなめす人といった想像しやすい職種だけでなく、神官に祈《き》禱《とう》師、蛇使いや奴隷、筒状の印章というハンコの祖先のようなものを彫る職人なども記されています。将軍や通訳の存在は、他国との交渉や戦闘があったことも証明してくれています。また同書に書かれている庭師や執事などは、宮廷専用の仕事だったのでしょう。

この写本の原本となっただろう粘土板や、同様の内容を記した粘土板は、おそらくその一〇〇〇年以上前から存在していたと考えられており、それだけ職業の分化が古くから始まっていたことを知ることができます。メソポタミアやエジプト、ギリシャのいずれの地域でも、装身具を作る職人や陶工、歌手などの職がはやくから存在しており、芸術の歴史もひとしく長いことがわかります。

文字が整備され、記録を残すことが大事な行為となった点はすでに見ましたが、西洋古代における一般庶民の識字率は高くありませんから、書記が重要な専門職となります。このことを証明するかのように、エジプトには書記の全身像が多く残されています。古代には字を書けない王たちも少なくなかったと考えられていますから、書記の必要性はそれだけ大きかったはずです。

　字を教えるための学校もあり、書記だけでなく法律家や公証人を育てたことでしょう。学校にはもちろん教師がいて、教科書もありました。数種類残っていますが、最古のものは紀元前二七世紀に活躍したイムホテプによって書かれたと考えられています（現存せず）。イムホテプは神官で医師でもあり、エジプト最古の階段ピラミッドである「サッカラのピラミッド」（図2-09）の建築家ともされる万能型の才人です。

　短い一生のこと、学校には幼い頃から通っていたと考えられますが、具体的に何歳からと決まっていたわけではなさそうです。そもそも、現代のような大人と子供の区別は近代ヨーロッパで出来上がったもので、それ以前には明確な線引きはありませんでした。物心つくかつかないうちに学校にいくひとたちが少数いて、ほとんどのひとは家業の手伝いをしながら仕事をはやくから覚えていきました。

　古代エジプトの職人たちには一〇日に一度休みがあり、それ以外に収穫祭や新年などのまとまった祭日があり、さらに都市ごとの守護神のための祭日や、王の生誕を祝うための休日などがありました。それらの日には儀式があり、神への感謝のしるしとして、うまれたばかりの家畜や収穫物の一部が捧《ささ》げられました。人口の大多数を占める農業従事者には農閑期や収穫期などの年間スケジュールがあり、その節目節目で祭りが催されました。儀式のあとや祝婚の式のあとは、酒食や踊りを皆で楽しんだことでしょう。

●食べもの

発掘現場で見つかるものの多くは、実は古代人が捨てたゴミです。お墓の副葬品や神殿で用いられた祭具、図書館にあった粘土板などはもちろん貴重な出土品ですが、ゴミもそれらに劣らず重要です。捨てられた土器の破片や動物の骨、果物の種などから、当時のひとびとがどのようなものを食べていたかがわかるからです。

メソポタミアではもっぱら大麦が栽培され、紀元前二四世紀の都市国家ラガシュのように、八〇倍近い収穫率をほこる地域もありました。一方、エジプトでは小麦が主たる作物です。前者はビール製造に適し、後者はパン作りに向いています。後述するようにメソポタミアでは徐々に塩害が顕著となるのですが、大麦は比較的塩害に強かったことが、同地域で大麦が主力となった主たる要因です。エジプトのナイル川流域では安定的に小麦の収穫量が高く、輸出までされていて、その後もながく穀倉地帯としての地位を保ちました。

野菜の栽培は今日と比べると貧弱ですが、レンズマメなどのマメ科やタマネギなどは早くから栽培されています。アスパラガスやレタスも比較的早くから植えられており、ゴマは油の原料ともなっていました。地中海東部を原産とするオリーヴは、食用としての実だけでなく、抽出して作られる油がとくに尊ばれました。栽培の歴史もながく、紀元前五千年紀には始まっていたと考えられています。また、アフガニスタン周辺を原産地とするニンジンも早くから西洋に伝わっており、たとえば紀元前三千年紀には今のスイスで栽培されていたことがわかっています。

一方で、農耕が始まってからも、木の実や果物、煮れば食べられる野草のたぐいの採集は引き続きおこなわれていました。たとえばナツメヤシやアーモンド、イチジクやザクロなどですが、面白いところでパピルス紙の原料となるカミガヤツリの根なども食材として利用されていました。ブドウはカスピ海周辺地域から伝わり、紀元前三千年紀に西へと栽培地域が広がっていきます。ブドウを原料とするワインもエジプトやギリシャで早くから製造され始めましたが、ただメソポタミア地域はブドウ栽培に適していなかったためワインを輸入していました。

水辺の地域ではボラやチョウザメなどの魚、タコやイカや貝類が貴重なタンパク源となっており、干して保存したり内陸部に運ばれるなどしていました。中世以降のヨーロッパでの主たる魚であるニシンはおもに北の冷たい海でとれるので、古代の地中海地域では主力ではありませんでした。

農耕には牛の力を借り、その乳や肉はひとびとの重要なタンパク源やカルシウム源になっていたはずです。紀元前三千年紀からは羊やヤギも円筒印章の図柄としてよく描かれています。馬が入ってくるのはその次の千年紀になってからです。

それらすべての家畜は食肉の供給源であり、同時に牛や馬は代替労働力の主力を担い、牛とヤギは乳とチーズを、羊やヤギは重要な衣服の材料となる毛や皮を供給していました。鶏卵を安定的に供給してくれるニワトリは優れた家畜で、少し遅れてアフガニスタン周辺からメソポタミアを経由してエジプトやヨーロッパ大陸へと伝わっていきました。

昔の食事は貧相なものと思いがちですが、こうしてみると基本的な食材はすべて揃っており、今に至るまで西洋の食文化の中心であるパンやワイン、チーズや食肉などは昔からあったことがわかります。カロリーの摂取量もそれほど低いわけではないため、短い寿命は食生活よりもやはり衛生環境や医学知識の乏しさなどに起因するとみるのが正しいようです。

●古代のファッション

古代人が衣服を身にまとい始めたのは、体温を維持するためです。そのため、おそらく最初は動物の皮を水に漬け、棒でペッタンペッタンと叩《たた》いて脂分と血液を抜き、石器で真ん中に切れ目をいれてから、そこに首を通して着ていたのでしょう。それでも皮は腐敗し、硬くもなるので、自分の歯で嚙《か》み始めたと考えられています。これは唾液でなめす意味もありました。「なめし」はタンパク質を変性させる作業であり、やがて植物に含まれるタンニン成分を用いてなめす方法がとられるようになります（そのため「なめし」のことを英語でタンニングといいます）。

衣服の原料としての「皮」は、やがて「布」にとって代わられるのですが、これがなかなか簡単ではありません。羊の毛などをつむいで細く長い糸にし、それを織って布地にするか、もしくは亜麻などの植物繊維から布地を作らなければなりません。この工程をものにするのは大変そうですが、古代人は早くから布地を作ることに成功しています。縫うためには穴をあけた針も必要ですが、これも旧石器時代にすでに骨から作られています。

なにしろ、人の創造神話のくだりで見たように、衣服を着ることが動物との違いだと認識する民族もいたほどです。衣服を得るために人類が費やしてきたエネルギーは膨大なのですが、私たち現代人にはなかなか実感がわきません。というのも、「衣食住」の三つの基本要素のうち、過去と比べて現代において最も労力が軽減されたのが「衣」です。今では容易に快適な衣服が安価で手に入りますが、昔は各家庭で糸紡ぎまで自分たちでやっていたのですから。

シュメールの男性立像（図4-12）でわかる通り、古代メソポタミアでは一枚の大きな布を体にただ巻き付けるスタイルが一般的です。わきの下か、お腹から下の二種類がありますが、この形式であれば布地の形状も単純で確かに作りやすそうです。後述する

図4-12　シュメールの男性立像（崇拝者）、紀元前2900-2600年頃、ニューヨーク、メトロポリタン美術館

〈ウルのスタンダード〉（図4-19）では、下半身に布を巻き付けた上から、大きなマントを羽織って首のところで結んだ人の姿も描かれています。興味深いのは、男女でほとんど違いがない点です。複雑な裁断ができないせいもありますが、女性のほうが着飾るとの認識は、あくまで後世に作られたものなのです。

エジプトでは、ラーヘテプ（図4-13）やアメンヘテプ四世像（図3-02）のように、男性は下半身のみにスカートをはいたようなスタイルです。ちなみにラーヘテプはスネフェル王の息子でクフ王の弟にあたります。一方の女性は全身を覆う薄地のチュニックを着て、その上からさらに、肩から下に垂らして胸の前で留めるドレス状の服を着ます。

男女の違いは肌の色によっても表現されており、ラーヘテプは浅黒い肌で男性性を、ネフェルトは真っ白で女性性が強調されています（妻の人種が異なるとする説もあります）。エジプトではプトレマイオス朝の時代に綿も衣服の素材のなかに加わりました。

ギリシャでも最初はただの大きな一枚布で、背中から羽織るかたちで手前で両端を交差させ、肩のところで留める「ペプロス」と呼ばれる服が女性の基本的なスタイルでした。留め具は最初は石の輪などで、そこに布地を通すやり方でしたが、その後、今でいう安全ピン（フィビュラエ）が開発されています。また、大きな筒状の布に三か所穴があり、そこから頭と両腕だけ出して、みぞおちのあたりで留める「キトン」も生まれます。亜麻布（リネン）や綿（コットン）に加え、絹（シルク）も素材として用いられ、その後の地中海地域でながく基本形となりました。男性用の肌着にあたる「トュニカ」もほぼ同じもので、留めるのがお腹の位置で、丈も膝上あた

図 4-13 〈王弟ラーヘテプと妻ネフェルトの座像〉、紀元前 2600 年頃、カイロ、エジプト考古学博物館

りまでしかないという違いがあるだけです。

古代ローマでもこれらはほぼそのまま使われました。独自のものとしては「トーガ」と呼ばれる衣服があります。これは半円形をした大きな一枚布で、トゥニカの上に着ます。何通りもの着方があり、頭にかけたり脇下をとおしたりと複雑で、彫像をみてもどの着方のものか判別は容易ではありません（図4-14）。当時のローマ人でも着付けに時間がかかっており、正規市民にしか着ることが許されない正装であるからして、少しでも優雅に着ようと苦心しています。

図4-14　〈アウグストゥス像〉、1世紀前半、ローマ国立古代美術館（マッシモ宮）

●葬儀と墓

人はいずれ死にます。しかし亡くなった直後には死体はまだそこにあり、反応しなくなるだけです。生物学的なメカニズムについての知識がない古代にあっては、この現象は「体から生命を維持させていたものが抜けていった」ように思えたでしょう。それをひとは「魂」や「霊」などと呼んで、当然のようにその存在を信じるようになったと考えられます。

抜けていく霊魂の姿は目に見えませんから、透明な空気や、息や雲のようなものを想像したでしょう。それらはあたりに漂うか天高いところにあり、私たちを見下ろしているに違いない。そう思えばこそ、死者や先祖の霊を敬い、自分たちを護っていてほしいとの願いにつながります。こうして、ひとはあらゆる動物のなかで唯一死体を丁重に葬る慣習をもつようになりました。

丘の上に死体を置いて、風にさらして朽ちるにまかせる「風葬」と、今でもチベットの一部でみられる、鳥に食べさせる「鳥葬」に共通するのは、風も鳥も空高くあがることで、死者の魂がいるだろう天空へ送り届けてくれるとみなされていた点です。多数の民族が選択した「火葬」も、死体の腐敗を避けて伝染病の原因とならないようにとの衛生的な目的もあったでしょうが、やはり煙が空高くたちのぼることで、霊魂を死者の世界たる空のかなたへと送り届けるためでもあったでしょう。神々は天空にいると考えていた民族も多かったので、死者の霊が舞い上がって神々の世界に迎え入れられるとも考えていたはずです。

一方で、地中に埋める土葬も広くおこなわれていました。古代エジプトでは死体から抜け出た「バー」なる魂が、夜に戻ってくる体を必要とすると考えられていたため、焼かずに土葬にしていました。その人の意識にあたるバーに対し、彼らは「カー」なる魂の存在も信じていて、そちらは命そのものなのでもう戻ってくることはありません。このように、死後も魂が遺体を必要と考える民族は土葬を選択しました。キリスト教徒が土葬を選択したのも、いつの日か「最後の審判」のときがやってきて、地中から肉体が復活すると考えていたためです。

地中に埋めるに際し、遺体に土をかけるだけでなく、大きな甕《かめ》や棺《ひつぎ》のなかに遺体を入れて埋めることも一般的になります。全身を横たえるだけのスペースがない場合には体を曲げて膝をかかえる「屈葬」になりますが、これには、亡くなる時には生まれた姿に戻すとの発想が根底にあります。そのほうが、死後にふたたび別の生命を与えられて生まれ変わるのに適していると考えたのでしょう。そのヴァリエーションのひとつとして「抱石葬」という埋葬法があり、文字通り石を抱えた形をとらせます。日本でも見られた方法ですが、遺体が起き上がってこないようにするための処置でもあるので、ちょっとしたホラー小説のようですね。

古代の埋葬法として、ひときわ異彩をはなっているのがエジプトのミイラです。先述したようにエジプト人は死後も遺体を保持する必要があると考えていました。もともと同地域は雨量が少なく、死体をそのまま地面の上に放置しておいても、自然乾燥によって保存できる状態になります。しかし、それを土中にそのまま埋めると、砂は湿気を保持するので死体が腐り始めてしまいます。そこで考え出されたのが、人工的に遺体を乾燥させる方法です。

紀元前二七〇〇年頃からは、腐敗しにくくするために内臓を取り除くようになります。こうして、意識のありかとされていた心臓以外の内臓が取り出され、カノポス（外殻容器）という専用容器に入れられます。脳もちゃんと鼻から引っ張り出されていました。遺体はその後、炭酸ナトリウム10水和物と炭酸水素ナトリウムの混合物（ナトロンと呼

図4-15 〈タムトネレフトのミイラ〉、紀元前3世紀、パリ、ルーヴル美術館

ばれます）によって強制的に脱水乾燥され、樹脂や香料を塗りこまれたのち包帯でぐるぐる巻きにされました。

図4-15はアメン神に祈りを捧げる女性歌手ですが、このように故人の顔を、仮面やカノポスに描くこともよくありました。興味深いのは神殿に捧げるためのミイラも作られた点です。たとえば豊穣神《ほうじょうしん》である女神バステトの化身は猫なので、猫のミイラが大量に作られました。そのための飼育場もあって、残酷なことに棒で頸椎《けいつい》を折って殺害してはミイラにしていました。一九世紀になってミイラの発掘がヨーロッパでちょっとしたブームになったときには、商品として高く売れることを期待して、大量の猫のミイラがイギリスへと輸入されました。しかし飽和状態になって価格は暴落。あわれ猫ミイラたちは叩き売られて、暖炉の燃料や肥料となり

ました。こうして、大量の文化財が悲惨な最期をとげたのです。

埋葬場はたいてい共同体の外側におかれていました。衛生的な理由もありますが、そこを死者だけの特別な空間とするためでもあります。その極端な例が、いくつかの民族が作っていた「ネクロポリス（死者の都）」と呼ばれる遺跡です。紀元前九世紀頃から、イタリア半島の中部で独自の文化圏を築いていたエトルリア人による、チェルヴェーテリ遺跡はその典型です。ローマ近郊にある同遺跡には、大きな独立型の墳墓が集まっていて、それらの間にはちゃんと道路や広場があり、上空から見ていると、たしかに都市の遺跡にしか見えません。

図 4-16　エトルリアの夫婦棺、チェルヴェーテリ出土、紀元前 6 世紀初頭、パリ、ルーヴル美術館

これも、彼らが死後もそのまま生活が続くと考えていたためです。そのため彼らは食堂や寝室をそなえる大きな墳墓を建て、都市機能まで備えた死者の街をつくりだしたのです。おまけに彼らは、生きて

いる間に苦しめられていた病やケガなどからも解放されると考えていました。掲載した図版（図4-16）はチェルヴェーテリのネクロポリスで見つかったものですが、テラコッタ（素焼き）製の棺のふたの部分にあたります。夫の右手には杯があったと思われます。彼らが祝杯をかわしつつ、非常に楽し気な様子なのはこうした理由によるのです。

7　技術と芸術

文明の発展史は技術の進歩の歴史でもあります。石による簡単な斧や、動物の骨から作られた針などが用いられ始めて以降を旧石器時代と呼び、文明の最初のページとするのもそのためです。

また創造神話の多くで、神が土から人類を創っていたように、太古のひとにとって何か自らの手で「ものを造る」といえば、それはほぼ土器造りを指していたはずです。特にメソポタミアの二大河下流域ではナツメヤシ以外にたいした木がなく、食器や水入れもおのずと粘土製にならざるをえませんでした。

土器の歴史はまた、同時に芸術史の始まりでもありました。粘土が乾く前に指で凹《へこ》みをつければ、それがそのまま初期の模様になります。次には縄目を押しつけて模様にします（縄文時代の名もここから来ています）、後には棒や筆で線や色をつけたりするようになります。素焼きのままだと脆《もろ》いので、ガラス成分をまぜた土を用いて焼き固める陶器も開発されます。その表面にはさまざまな模様や動物などの図柄が描かれるようになり、人類にとっての最初の重要な「画面」となりました（図4-17）。

図4-17　テラコッタ（素焼き）製クラーテル、ギリシャ出土、紀元725年頃、ニューヨーク、メトロポリタン美術館

芸術の誕生は、文明の歴史における重要な段階です。というのも、それ自体が「役に立たない」ものだからです。石器や農機具、建物や武器、そして衣服や調理具など、これまで本書で見てきたものはすべて「生きていくために役に立つもの」ばかりです。しかし芸術はそれ自体では生命維持のための物理的な機能などをもちません。そして、役に立たないことにこれだけのエネルギーを

注いでいるのは人類だけなのです。つまり、直接の物理的機能をもたないことをする点にこそ、人間と動物との大きな違いがあります。まさに芸術こそは、人類だけが築ける文明の証《あかし》と言えるでしょう。

●戦いは発明の母

建材としての石や煉瓦についてはすでに述べましたが、道具の素材として、石や骨、木の次に登場するのが金属です。石などよりはるかに硬いため効果的で保《も》ちも良いのですが、金のように叩いて成型できる金属はまれで、ほとんどは一度熱して溶かす必要があります。しかし、金属を融解させるほどの火力を手にするのは簡単ではありません。

まず、銅が紀元前四千年紀の後半から用いられ始めます。しかし銅の融点は約一〇八四度にもなるため、融点の低い錫《すず》と混ぜた青銅（ブロンズ）がほどなく開発されて広まります。シュメール人も早くから青銅を用い始めていますが、どちらの原料も同地域ではとれないため、二大河上流域のアッシリアから銅を、そして今のイラン地方から錫を輸入していました。こうしたことも、はやくから交易の発展を促したことでしょう。

一方、古代の通貨の中心となったのは先述したように銀です。金は錆《さ》びないため珍重されましたが、あまりに稀少《きしょう》すぎて大量に出回るほどの量がありません。西洋世界ではその後も銀が基軸通貨となりますが、ローマ帝国の末期には枯渇してしまい、猛烈なインフレを引き起こす原因となりました。

さて、青銅器時代にも終わりがやってきます。鉄の登場です。これは現在のトルコ中南部にいたヒッタイト人によってもたらされました。鉄は青銅にくらべるとはるかに硬く、焼き鍛えて鋼にすると錆びにくく、硬度も一層高くなります。しかし融点が一五三五度と高いため、人類ははじめは隕石《いんせき》のなかに含まれる、ニッケルとの合金である隕鉄として出合っています。

ヒッタイトの民族的系統には謎が多いのですが、彼らは紀元前一七世紀に突如王国を打ち立てて、メソポタミアに侵入します。その勢いはすさまじいものでした。なにしろ彼らが振りまわす鉄製武器に、青銅製の剣などまったく歯がたちません。紀元前一五九五年頃には古バビロニアが滅ぼされ、メソポタミアはヒッタイトに征服されてしまいました。紀元前一二七四年にエジプトとのあいだに起きた「カデシュの戦い」は、両者いたみ分けで停戦条約がかわされ、公的な記録が残された史上初の戦争となりました。エジプトには、ヒッタイト軍の戦車を描いた浮彫なども残されています。

ヒッタイトは内紛による弱体化と、謎の民族である「海の民」の侵入をうけて紀元前一二世紀のはじめに滅亡します（海の民をイタリア人の祖先とする説などがあります）。しかし鉄器が西洋世界にもたらした衝撃は大きく、ヨーロッパにおいても、武器にかぎらず、農機具なども順次鉄にとってかわられていきました。

●美術のはじまり

芸術とは、美術と文学、音楽や演劇を指します。このうち文学のはじまりが神話であることは、本書ですでに見たとおりです。音楽は宗教儀式の祈りとして始まったものと、集団で農作業をおこなうときの掛け声としてのふたつの起源があるでしょう。演劇は、やはり宗教的なものと、収穫祭や婚礼の祝いを起源とするものなどがあると思われます。

美術とは視覚芸術のことで、つまりは見て楽しむ芸術として、絵画と彫刻、建築と工芸からなっています。このうち建築と工芸は「役に立つ」分野であり、そうではない絵画と彫刻を「純粋芸術」と呼んだりもします。それらの起源について、洞窟に描かれた絵や、土器が最初の主となる画面になったこと、さらには文字が絵からはじまったことなどをすでに見てきました。

図4-18　シュメールの円筒印章（右）と、それにより粘土板上に得られるレリーフ（左）、紀元前三千年紀、シカゴ大学東洋研究所

シュメールの遺跡から、「円筒印章」と呼ばれるものが多数出土しています。これは緑色岩や蛇紋岩、水晶などの硬い鉱石を円筒形にし、その表面に像を刻み込んだものです。これを粘土板の上で転がすと、刻みこまれていたところがレリーフとなって、像が浮かび上がります。使用開始は古く、紀元前三二〇〇年頃には登場したようです。ハンコのはしりで、神々や王の姿が彫られています。ちなみに掲載した作品（図4-18）は、太陽神が船で移動している場面です。その姿は生き生きとしており、最初期の具象的な絵画としても、レリーフ彫刻としても質の高いものです。

一九二七年に発掘された「ウルの王墓」に納められていた

図4-19　〈ウルのスタンダード〉、紀元前2600年頃、ロンドン、大英博物館

〈ウルのスタンダード〉は、古代世界でも特筆すべき芸術作品です。この王墓には、王妃や従者たちもともに葬られており、おそらくは王が亡くなった時に殉死させられた人々だと考えられています。今から四六〇〇年ほど前のこの墓からは、金製の竪琴《たてごと》やヤギの像など、きらびやかな副葬品が見つかっています。

西洋美術史の本でもよく冒頭で紹介される作品ですが、実際に見ると意外なほど小さく、幅約五〇、厚さ約一二、高さ約二〇センチメートルほどの大きさの長方形の箱で、横から見ると台形をしています。意外なほど、と書いたのは図版だと大きく感じられるからで、それだけ制作者たちの細密技法の卓越さがわかります。

スタンダードと呼ばれているのは、これが旗章だと考えられたからですが、ほかにも楽器の共鳴箱とみる説もあるなど、実はその用途はよくわかっていません。一方の面には「戦争」の場面が描かれ、馬に曳《ひ》かれた戦車の上には槍《やり》を手にした兵士が、そして地面には斃《たお》れた敵兵の姿があります。その上にはマントを羽織った兵たちと、手を縛られて繋《つな》がれた捕虜たちの姿があります。

この戦勝をうけてのものなのでしょう、裏側には「饗宴《きょうえん》」の場面が描かれています。最下段には、おそらく戦利品とおもわれる品々を運ぶ人たちがいます。中段に描かれている家畜や魚も、やはり戦利品なのでしょう。そして最上段には、ひときわ大きく描かれた王の前にずらりと将軍たちが座り、手には祝いの杯を掲げています。

人体表現の造型のこまかさにも驚かされますが、その背景の青の鮮やかさにも目を奪われます。これはラピスラズリ（青金石）という半貴石で、ところどころ金色にみえる粒子が輝く、深い群青色をした石です。アフガニスタン原産のためシュメール人にとっても輸入品であり、その後の西洋絵画においても貴重な顔料としての地位を保ち続けます。

王の功績をほこるために作られたものでしょうが、おかげで当時の衣服や武器などがわかります。そしてなにより、古代世界のひとびとの美意識と創造力の高さを、長い時を経て、現代に生きる私たちに伝えてくれています。

おわりに——古代文明を殺したのは誰か

日本の歴史を語る際、人種の系統や言語、食文化など、古代中国や東南アジアから伝えられたことがらを抜きにして語ることができないように、ヨーロッパの歴史を考えるうえで、古代オリエント、エジプトとメソポタミアを避けることはできません。それらはいわば西洋文明の父と母となって、その後に続く諸文化の土壌となりました。しかし、いかなる国家も文明も、やがて衰退する時がやってきます。少なくとも表面的には、現在のオリエントにいにしえのシュメールの残像を見ることは難しく、比較的単一性が保たれたエジプトでさえ、現在のエジプト文化はかつてのそれから遠く離れたところに位置しています。

肥沃な土地があれば、そして進んだ文明があれば、周辺の民族からは魅力的に見えるのでしょう。栄華をほこった地域は、たいてい周辺からの異民族の侵入によって徐々に衰退の坂を下りはじめます。メソポタミアに栄えたいくつかの大国家しかり、古代中国の大帝国しかり。ローマ帝国も衰退の主因のひとつはやはり北方からのゲルマン民族の侵入です。そして裏をかえせば、それらはまた、自分たちが服従させられていた大国に対する、長い年月をかけての復讐《ふくしゅう》の様相を呈しています。

メソポタミア南部のバビロニア地域でいちはやく都市文明をスタートさせたシュメール人は、アッカド人が建てた国家の支配下に入ります。バビロニア地域初の統一国家となったアッカド王朝は、しかしグティ人の侵入をうけて弱体化。シュメールはウル第三王朝の時代を迎えますが、これもまたエラム人の侵入によって滅亡します。その後は、古アッシリア、次いでハンムラビ王のバビロン第一王朝が覇権をうちたてますが、鉄器を手にしたヒッタイト人の急襲で滅亡してしまうことも本書で見てきたとおりです。加えて、二大河下流域の土壌にはもともと塩害が見られたのですが、それが徐々に顕著になってきたことも、シュメール勢力の衰退の原因となったことでしょう。

征服の歴史は退屈な国名の羅列になりがちですが、紀元前一〇〇〇年ごろからメソポタミアは新アッシリア王国の時代にはいります。メソポタミア北部のアッシリアによる南部統一なので、これによりメソポタミア全域にまたがる一大帝国が出現しました。図書館を建てたあのアッシュールバニパル王は、同帝国末期のころの人です。

古代オリエント研究者の小林登志子は、「起きるべきほどのことはすでにシュメル社会では起きていた」と述べています。たとえその後、民族的血統がわからないほどに失われた文明であっても、文字や科学、聖書や神話など、今に至る西洋文明の基礎となるさまざまなことがらが、シュメールに始まる古代メソポタミアで創り出されました。

●ギリシャのポリス社会

「エジプトはナイルの賜物《たまもの》」という有名な言葉は、紀元前五世紀を生きた古代ギリシャの歴史家ヘロドトスの著作に出てくる一節です。ギリシャとひとことでいっても、統一国家があるわけではなく、半島と島嶼《とうしょ》部に点在する平野や盆地ごとにできた都市国家の集まりです。一方、当時のナイル流域は広々とした農地が広がる一大穀倉地帯でしたから、その広大さと豊かさがヘロドトスの目にはまぶしく映ったことでしょう。

エジプトはナイルの恩恵にあずかったからこそ、その地域にとどまり、外に討って出ようとする為政者はあまり現れませんでした。新アッシリア王国の遠征など、外部勢力の侵攻も何度かうけていますが、長期間にわたるエジプト王国時代のあいだに、言語や神話、政体や衣食住にいたるまで、エジプト独自の文化は比較的少ない変化にとどまりました。

ギリシャ各地にポリスと呼ばれる都市国家群ができあがったのは、新アッシリア王国時代のことです。半島と島でできた地域なので、早くから船で海に乗り出しはじめ、地中海の対岸にあるエジプトとは古くから交流がありました。

ギリシャでは耕作に適した土地も限られ、ひとつひとつの都市の人口にもおのずと限界ができます。そのため、人口がある程度増えるたびに、あらたな植民地へ移住するための遠征隊が組織されました。中心都市アテネ（アテナイ）でさえ、人口はほぼ四万以下に抑えられ、他の都市はおしなべて数千から二万程度を維持しています。こうした移住政策ははやくも紀元前八世紀頃には始められ、地中海と黒海の沿岸にギリシャ人による植民都市が増え続けていきました。なかにはシチリア島のシラクーザ（シュラクサイ）のように、五万を超えるような大都市も生まれています。

ギリシャのポリス社会の特色のひとつは民主政にあります。小人口の都市や時代に顕著ですが、中心にある広場に住民が集まって、直接選挙などで政体を運営していました。専制的な君主を出さないようにする努力はたいへんなもので、人気があって権力者になりかねないような人物の名を陶片（オストラコン）に書いて、それが一定数集まったら、追放するような極端な政策（陶片追放）が採られることもあったほどです。

そのおかげでギリシャには専制的な帝国は登場せず、ひとつの都市国家が全域を支配することもありませんでした。もちろん、アテネやスパルタ、テーバイのような主要国家がそれぞれのグループをしたがえ、お互いに覇権を競うこともありましたが、全体から見ればギリシャはあくまで内戦レヴェルでとどまっていたと言うことができます。

●大帝国ペルシャ

メソポタミアでは、新アッシリア王国に代わって、紀元前七世紀に登場した新バビロニアが覇権をうちたてます。しかし、それも東方からやってきたアケメネス（ハカーマニシュ）朝ペルシャによって翌世紀には滅ぼされてしまいます。ペルシャは今のイランに相当し、専制君主の王のもと、領土拡張政策をとって拡大を続けます。紀元前五三九年にキュロス二世がバビロンに入城し、各民族がさまざまに興亡の歴史を繰り返してきたメソポタミアはそっくりペルシャの版図に組み込まれました。

誰もペルシャの勢いをとめられません。その一四年後には、後を継いだ子カンビュセス二世によってエジプトも併合され、東はインダス川流域から、西はエジプトや現在のトルコにいたる一大帝国が出現しました。ギリシャ圏と境を接するようになったため、ギリシャの都市国家群は一致団結してペルシャ帝国とつばぜり合いを繰り返すようになります。地域統合を求めなかったギリシャ圏と、帝国による多民族征服を是とするペルシャ圏という、ポリシーをまったく異にする文化圏の衝突です。

後に地中海全域に覇をとなえるローマも、最初はやはり一都市国家にすぎませんでしたが、隣接地域を征服しつつ徐々に勢力圏を拡大していった点で、そしてのちには強力な帝政を布《し》いてヨーロッパ大陸全域を統治するにいたった点で、ペルシャ帝国を思わせます。群小国家による抗争の歴史だったメソポタミア、閉じこもりがちのエジプト、たがいに独立しながらゆるやかな連合体を形成していたギリシャ、そしてひたすら拡大を志向したペルシャ。古代の各地域の対外政策を強引に単純化すればこのように言い表せるでしょう。

その一方で、地中海全域に増殖していったギリシャ系植民都市の存在は、ギリシャ文化の伝播《でんぱ》に大きく貢献しました。この点で、同じ東地中海における強国だったエジプトと比較しても、その後の地中海世界への影響力には差があります。たとえばエジプト美術ひとつとってみても、胸部だけ正面観で、それ以外の頭部や手足は側面観で描くあの独特の人物描写は、地中海世界ではスタンダードなものとはならず、エジプト限定の表現にとどまりました。一方のギリシャ美術がその後の西洋美術のベースとなっていることは、片方の足に体重をかける「コントラポスト」の表現（体育の「休め」の姿勢に似ています）や、ギリシャ建築の装飾様式（オーダー）が近代にいたるまで西洋美術の基本要素となったことなどでも明らかです。

●アレクサンドロス大王が見た夢

ペルシャ帝国と張り合っていたギリシャ都市国家群は、意外な勢力によって急速に統一がはかられます。ペロポネソス半島の北にいたマケドニア人です。それまで小国にすぎなかったマケドニアの王ピリッポス（フィリッポス）二世は大胆に国政と軍部を改革し、紀元前三三八年にはアテナイとテーバイの連合軍を破ってギリシャ世界をほぼ勢力下に置きました。彼は勢いに乗じてそのままペルシャに対抗しようとしますが、暗殺によって命を落とします。その後を継いだのが、彼の息子である二〇歳の青年アレクサンドロス三世です。彼は父に劣らぬ天才的な軍略家で、大国ペルシャを相手に連勝街道をひた走ります。

それまでのマケドニアは、ギリシャ諸都市から見れば田舎の小国にすぎず、蛮族とかわらぬ扱いをされていました。ピリッポス二世もそのことは重々承知していて、ギリシャ化をはかるため、自らオリュンピア競技（オリンピックの起源です）に三度も参加し、優勝を飾るなどしています。マケドニア人ではあるものの、ギリシャ世界を代表する知識人となっていた哲学者アリストテレスを息子の家庭教師として招聘《しょうへい》したのも、ギリシャ化のための一策だったのでしょう。

歴史を学ぶ者からみれば、マケドニアがペルシャ帝国を倒したことは奇跡としか思えません。もちろんそこにはさまざまな要因が挙げられますが、マケドニアによる戦闘方式も見逃せません。兵士を密集させて一隊とし、槍衾《やりぶすま》を作って前進させるファランクス（密集隊形）はシュメール時代からあったのですが、ギリシャでは八人×八＝六四人を基本形としていました。これをマケドニアは一六人×一六で一ユニットとし、槍の長さもそれまでの約二メートル半から六メートルに伸ばします。これにより槍衾は一層密集した槍で作られ、初めて出くわしたペルシャ軍を大いに慌てさせたことでしょう。

アレクサンドロス三世は時に自軍の数倍にもなるペルシャ軍を次々に破り、トルコとエジプトを支配下に置いたのち、紀元前三三一年、ペルシャ王ダレイオス三世の軍に致命的な打撃をくわえ、バビロンへの入城を果たしました。王位を継いでから、わずか五年後のことです。ペルシャ王は翌年、側近によって暗殺されましたが、二五歳の野心家アレクサンドロス三世はそれに飽き足らず、インダス川を越えてインドへの侵入もはかっています。

アレクサンドロス三世大王による一大帝国は、それまでのペルシャ帝国の最大版図にほぼ重なります。しかし両者が大きく異なるのは、東方起源のペルシャがオリエントに進出した形であるのに対し、マケドニアのそれは、ギリシャ圏が古代オリエント世界全域を初めて支配下に置いたことを意味する点です。

大王の混血融和政策はよく知られているところで、現在のアフガニスタン周辺にある国バクトリアの王女ロクサネを自らの妃とするなど、異民族との積極的な婚姻をギリシャ系の兵士に求めました。彼はバビロンやスーサなど征服した諸都市でペルシャの富の豊かさと豪華さを目の当たりにし、その文化水準の高さに圧倒されたのでしょう。衣服や生活習慣にもペルシャ風を採り入れ、ペルシャの人材も積極的に登用します。これらはすべて、民族融和による普遍的な国家を建設するための模索なのですが、ギリシャ兵たちの目にはこれは自分たちの軽視にも映り、激しい抵抗を引き起こします。

結局、この遠大な理想は、わずか三三歳での大王の急逝によって夢と消えます。かつてなかったほどの大帝国は後継者たちによって分割統治され、地中海地域とオリエントは「ヘレニズム」と呼ばれる時代を迎えます。

●オリエントからヨーロッパへ

ヘレニズムとは、ギリシャ人の祖とされる神話上の人物ヘレーンの名に由来します。

その父デウカリオーンはプロメテウスの子で、妻ピュラーとともに、第一章で見たギリシャ神話における大洪水で、ただひと組だけ生き残った人類とされています。

ヘレニズム時代はアレクサンドロス三世による東征に始まる約三〇〇年間を指します。オリエント全域がギリシャ圏に入り、分割後の帝国がゆるやかに衰退していくのに並行して、東西の文化が相互に影響し合い、融合していきました。そのため、大王が見た夢は、その後長い時間をかけて実現していったと見ることもできるでしょう。

文化融合の影響は美術などにも明らかで、たとえばギリシャ彫刻もそれまでの落ち着いたクラシック様式から、激しい身振りのものへと変化します。私たちが「ギリシャ彫刻」と聞いて真っ先に思い浮かべる、〈ミロのヴィーナス〉や〈サモトラケのニケ〉（どちらもルーヴル美術館）、〈ラオコーン〉（ヴァチカン美術館）などは、すべてこのヘレニズム時代に制作されたものです。こうした例がいみじくも示しているように、この時代の文化がその後の西洋文化におけるひとつのカノン（規範）となっています。

もし、ギリシャ圏のほうがペルシャよりも先進地域であれば、征服して搾取して、で終わっていたことでしょう。しかし古代オリエントから延々と築き上げられてきた文化の上にたつペルシャ帝国だったからこそ、征服した側のギリシャ勢力が学ぼうと努力したのです。彼らはオリエント世界に学んでヘレニズム文化を作りだし、地中海全域へ、そしてヨーロッパ大陸へとそれを伝えていきました。ここにいたって、シュメールやエジプトに始まる古代文明が西洋に持ち込まれ、西洋文明の礎となったのです。

やがて地中海世界の覇権をローマが握ります。紀元前六世紀に成立した共和政ローマは、本書ではもはや遅くにやってきた新参者にも思えるでしょう。ラテン人による一都市にすぎなかったローマは、紀元前三世紀にはイタリア半島を統一。地中海の対岸にあたる北アフリカで一大勢力となっていたカルタゴと対峙《たいじ》します。カルタゴはフェニキア人が建設した植民都市のひとつで、ギリシャ系植民都市と張り合うほど多くの拠点を築いていました。たとえばシチリア島ひとつとっても、ギリシャ系植民都市の中心がシラクーザなら、現在の州都であるパレルモはカルタゴの勢力下にありました。

カルタゴにも天才的な将軍ハンニバルがいて、象を前線に並べて突進させるその姿はローマを震え上がらせました。しかしザマの戦いでこれを破り、やがてカルタゴを徹底的に破壊して北アフリカを属州化。マケドニアなども属州として組み入れ、ローマは地中海の覇者となります。よく知られているように、ユリウス・カエサル（英語読みでジュリアス・シーザー）が帝政を準備し、その後継者であるオクタヴィアヌスがアウグストゥス（尊厳者）として初代ローマ皇帝となります。その前に、彼はライヴァルのアントニウスとクレオパトラが組んだ連合艦隊もすでに破っています。クレオパトラはアレクサンドロス三世大王の死後、その右腕だったプトレマイオスが建てた王国の最後の女王です。つまり彼女の敗北と死は、アレクサンドロス三世大王の東征の残像が消え、ヘレニズム時代が終わりを告げたことを意味しています。

ローマ帝国は、地中海全域とヨーロッパ大陸のすべてを覆う、かつてない規模の大国となります。そして、

〈サモトラケのニケ〉、パリ、ルーヴル美術館

かつてギリシャがオリエントに学んだように、彼らは文化的先進地域だったギリシャに学びます。ギリシャ神話をローマ神話のなかに採りこみ、その過程でクィリヌスのようなローマ神話独自の神は姿を消していきました。大量のギリシャ彫像のコピーが造られ、美の規範として伝えられていきます。ギリシャ彫刻のオリジナル作品はほとんどブロンズ（青銅）製だったため、腐食や武器への転用などによりその後失われ、ローマ時代に大理石で作られたコピーのほうが残りました。現在美術館や博物館を飾っているローマの大理石彫像のかなりのものが、実は失われたギリシャ彫刻のコピーなのです。

こうして、ローマ帝国による西洋世界の「大統一」が成し遂げられました。彼らは、ギリシャを介してオリエントを学び、エジプトやシュメールに始まる古代文明を吸収しました。ローマによる大統一で古代は終わりを告げるのですが、その後の西洋文明がローマ文化圏をそのまま引き継いだことを見れば、西洋文明のはじまりを辿《たど》ると、それがそのままシュメールとエジプトに行きつくことがおわかりだと思います。

本書の冒頭で、各地の神話や聖書のなかに、シュメールで創られた物語が入っていることを見ました。今でも、神話の神の名を、私たち日本人までが曜日の名として使っています。同様に、聖書のエピソードの多くも私たちは知っています。西洋文明のあけぼのについて見たことがらが、遠く離れた今の日本に生きる私たちにとっても、文化的なルーツのひとつとなっているのです。人類が積み上げてきた歴史の、なんと長いことでしょう。そして同時に、それらが単なる過去の出来事として終わることなく、今に至るまで脈々と伝えられ、なんと長く「生き続けて」いることでしょう。

本書は、西洋文明のはじまりから、その後の文化的影響を中心に扱ったものです。筆者は西洋美術史と西洋文化史を専門とする者で、そのどちらにおいても最初の部分はシュメールとエジプトであり、その両文明の成り立ちについても講義をしているうちに、その部分だけを切り取って趣味的に特殊講義や公開講座などでお話しする機会をいただくようになりました。

ただ、専門はあくまでイタリアを中心とするラテン文化圏なので、ローマ帝国以前のことは直接の専門とは言い難く、オリエント世界やギリシャ圏における実地調査の経験はおろか、古代文献の読解さえままなりません。そのような者が導入書を書くことに対する躊躇《ためら》いはあったのですが、これまで西洋美術史に関して書いてきたような、西洋文明の勃興期全体を俯瞰的《ふかんてき》に見つつ、個別のエピソードも楽しめるような初学者向けの平易な導入書は決して多くないと編集者に肩を押され、ならばとこうして本書を世に問うことになった次第です。この本をきっかけに、古代世界や西洋文明について興味を持っていただけたなら、本書の目的は叶《かな》ったといえます。ご指摘やご意見をいただければ幸いです。

なお、ノアの洪水とバベルの塔に冒頭の二章を割いていますが、これは筆者の専売特許ではありません。アンドレ・パロ（パロット）という高名な研究者が、一九五二年に出した『聖書の考古学』でこの手法をとっています。日本でも、小林登志子氏や長谷川修一氏が、それぞれ古代オリエント学と聖書考古学の立場から、同様の手法による良書をすでに書かれています。日本語で読むことのできる関連分野についての良書は沢山あるので、本書をとっかかりとして、更なる豊かで深い世界へと進むことを望まれる方のために、本書の末尾にお勧めの本を挙げておきます。

また、人名や地名、国名などの固有名詞の日本語表記は、こうした本を書く際に常に問題となります。たとえばシュメールは「シュメル」のほうがアッカド語発音に近いそうですが、本書では日本語としてより一般的な表記を優先させていただきました。

最後に、いつもながら根気よく、筆者に有益な助言と励ましをくださった筑摩書房の吉澤麻衣子氏と、セミナーや公開講座などを長年受講してくださり、貴重なご意見やご感想に加え、講座の希望テーマなどによって筆者の講義内容の幅を広げてくださった常連の受講者の皆様に、この場をお借りして心からの感謝の意を捧《ささ》げます。

前一五〇〇
前一〇〇〇
前五〇〇
紀元
時代
弥生時代
殷(商)
周
春秋戦国
秦
漢
(古バビロニア)
バビロン第一王朝
カッシート王朝
新アッシリア王国
六二五―六一二
新バビロニア
五三九
アケメネス朝ペルシャ
アレクサンドロスの征服
三三六～三二三
二九一
セレウコス王朝
パルティア(アルサケス王朝)
古アッシリア
ヒッタイト
侵入
フリュギア王国
リュディア
五四七
ペルガモン
帝政ローマ
ウガリト
イスラエル部族国家
王国成立
イスラエル王国(分裂)
ユダ王国
アッシリアの遠征
新バビロニア
五三九
三一二
三〇一
一九八
一六四
中王国
第二中間期
新王国
末期王朝
五二五
三一〇
プトレマイオス王朝
三〇
ミュケナイ文明
ドーリア人南下
ポリス社会
マケドニア王国
アンティゴノス王国
ローマ
エトルリア
共和政ローマ

前三〇〇〇
前二五〇〇
前二〇〇〇
日本
縄文
東アジア
仰韶文化
竜山文化
メソポタミア
バビロニア
移住
シュメール人
ウルク期
初期王朝期
ジェムデット・ナスル期
アッカド王朝
グティ人の支配
ウル第三王朝
アムルゥ人
アッシリア
アナトリア（小アジア）
シリアおよびカナン（パレスティナ）
エジプト
アメンヘテプ（イクナートン）
上エジプト王国
下エジプト王国
統一
初期王朝期
古王国
第一中間期
バルカン半島
ギリシャ人移住
イタリア半島

古代オリエント史略年表

主要参考文献

本書で扱ったテーマに関する文献は非常に多く、良書も沢山あります。ここでは日本語で読めるもののうち、本書をとっかかりとして、今後さらに知識を深めるために役立つ文献を紹介するにとどめます。翻訳書・和書別に、原典は時代順、現代の出版物は著者名順に表記します。

〔原典〕

『古代オリエント集』、筑摩世界文学大系第一巻、杉勇ほか訳、筑摩書房、一九七八年
『シュメール神話集成』、杉勇・尾崎亨訳、ちくま学芸文庫、二〇一五年
『ギルガメシュ叙事詩』、矢島文夫訳、筑摩書房、一九九八年
『エジプト神話集成』、杉勇・屋形禎亮訳、筑摩書房、二〇一六年
『聖書』（旧約聖書、新約聖書、旧約聖書続編つき）、新共同訳、日本聖書協会、一九九九年
ヘシオドス、『神統記』、廣川洋一訳、岩波文庫、一九八四年
アポロドーロス、『ギリシア神話』、高津春繁訳、岩波文庫、一九五三年
オウィディウス、『変身物語』上下巻、中村善也訳、岩波文庫、一九八一、一九八四年

[翻訳書]

ジョン・アイヴィミ、『太陽と巨石の考古学』、酒井傳六訳、法政大学出版局、一九八七年
カール・カウツキー、『キリスト教の起源』、栗原佑訳、法政大学出版局、一九七五年
エレーナ・ロメーロ・カステーヨ、ウリエル・マシーアス・カポーン、『図説　ユダヤ人の2000年』、市川裕監修、同朋舎出版、一九九六年
ピエール・グリマル、『古代ローマの日常生活』、北野徹訳、白水社、二〇〇五年
ドゥニ・ゲージ、『数の歴史』、藤原正彦監修、創元社、一九九八年
マイケル・ケリガン、『世界の碑文』、池田裕訳、東洋書林、二〇一〇年
カール・ケレーニイ、『ギリシアの神話　神々の時代』、植田兼義訳、中央公論社、一九八五年
ジャン=ピエール・コルテジアーニ、『ギザの大ピラミッド』、吉村作治監修、創元社、二〇〇八年
ノーマン・コーン、『ノアの大洪水　西洋思想の中の創世記の物語』、浜林正夫訳、大月書店、一九九七年
レイモンド・P・シェインドリン、『ユダヤ人の歴史』、入江規夫訳、河出書房新社、二〇一二年
ジョルジュ・ジャン、『文字の歴史』、矢島文夫監修、創元社、一九九〇年
エヴジェン・ストロウハル、『図説　古代エジプト生活誌』、内田杉彦訳、原書房、一九九六年
ナイジェル・スパイヴィー、マイケル・スクワイア、『ギリシア・ローマ文化誌百科』上下巻、小林雅夫・松原俊文監訳、原書房、二〇〇六、二〇〇七年
エルベール・トマ、『人類の起源』、河合雅雄監修、創元社、一九九五年

ポーラ・R・ハーツ、『ゾロアスター教』、奥西峻介訳、青土社、二〇〇四年
アンドレ・パロ、『聖書の考古学』、波木居斉二・矢島文夫訳、みすず書房、一九七六年
ポール・G・バーン編、『世界の古代文明』、大貫良夫監訳、朝倉書店、二〇〇四年
アンドレ・ピショ、『科学の誕生』、上（古代オリエント）、山本啓二訳、せりか書房、一九九五年
J・アンダーソン・ブラック、『ファッションの歴史』、上、山内沙織訳、PARCO出版局、一九八五年
ジャクリーヌ・ド・ブルゴワン、『暦の歴史』、池上俊一監修、創元社、二〇〇一年
トーマス・ブルフィンチ、『ギリシア・ローマ神話』、野上弥生子訳、岩波文庫、一九七八年
ジェイムズ・ジョージ・フレイザー、『洪水伝説』、星野徹訳、国文社、一九七三年
ジャン・ボッテロ、『バビロニア』、松本健監修、創元社、一九九六年（前掲書と同じ著者ですが、日本語表記が異なります）
ジャン・ボッテロ、マリ＝ジョゼフ・ステーヴ、『メソポタミア文明』、矢島文夫監修、創元社、一九九四年
ジャン・ボテロ、『メソポタミア』、松島英子訳、法政大学出版局、一九九八年
ジャン・ボテロ、『バビロンとバイブル』、松島英子訳、法政大学出版局、二〇〇〇年
ジャン・ボテロ、『最古の宗教』、松島英子訳、法政大学出版局、二〇〇一年
ジェームズ・G・マッキーン、『バビロン』、岩永博訳、法政大学出版局、一九七六年
マッシモ・リヴィ‐バッチ、『人口の世界史』、速水融・斎藤修訳、東洋経済新報社、二〇一四年
カトリーヌ・ルブタン、『ヨーロッパの始まり』、大貫良夫監修、創元社、一九九四年

ヴィッキー・レオン、『図説　古代仕事大全』、本村凌二監修、原書房、二〇〇九年
クロード・レヴィ＝ストロース、『神話と意味』、大橋保夫訳、みすず書房、一九九六年
シートン・ロイド、ハンス・ヴォルフガンク・ミュラー、『エジプト・メソポタミア建築』、堀内清治訳、本の友社、一九九七年
ジョン・ロジャーソン、『新聖書地図』、三笠宮崇仁親王監修、朝倉書店、一九八八年
マイケル・ローフ、『古代のメソポタミア』、松谷敏雄監訳、朝倉書店、一九九四年

［和書］

青木健、『ゾロアスター教史』、刀水書房、二〇〇八年
青柳正規、『人類文明の黎明と暮れ方』、講談社、二〇〇九年
阿部拓児、『ペルシア帝国と小アジア』、京都大学学術出版会、二〇一五年
笈川博一、『古代エジプト』、講談社、二〇一四年
大城道則、『図説　ピラミッドの歴史』、河出書房新社、二〇一四年
大戸千之、『ヘレニズムとオリエント』、ミネルヴァ書房、一九九三年
大林太良・伊藤清司・吉田敦彦・松村一男編、『世界神話事典』、角川書店、一九九四年
岡三郎、『人類史から読む「ギルガメシュ物語」』、国文社、二〇一四年
岡田明子・小林登志子、『シュメル神話の世界』、中央公論新社、二〇〇八年
小川英雄、『発掘された古代オリエント』、リトン、二〇一一年
小林登志子、『シュメル　人類最古の文明』、中央公論新社、二〇〇五年

小林登志子、『五〇〇〇年前の日常　シュメル人たちの物語』、新潮社、二〇〇七年
小林登志子、『文明の誕生』、中央公論新社、二〇一五年
高宮いづみ、『古代エジプト　文明社会の形成』、京都大学学術出版会、二〇〇六年
月本昭男監修、『メソポタミア文明の光芒』、山川出版社、二〇一一年
手嶋兼輔、『ギリシア文明とはなにか』、講談社、二〇一〇年
長谷川修一、『聖書考古学』、中央公論新社、二〇一三年
長谷川修一、『旧約聖書の謎』、中央公論新社、二〇一四年
前川和也、『図説　メソポタミア文明』、河出書房新社、二〇一一年
前田徹、『都市国家の誕生』、山川出版社、一九九六年
前田徹、『メソポタミアの王・神・世界観』、山川出版社、二〇〇三年
三笠宮崇仁、『文明のあけぼの』、集英社、二〇〇二年
本村凌二・中村るい、『古代地中海世界の歴史』、筑摩書房、二〇一二年
森谷公俊、『アレクサンドロスの征服と神話』、講談社、二〇〇七年

ちくまプリマー新書

174
西洋美術史入門
池上英洋

名画に隠された豊かなメッセージを読み解き、絵画鑑賞をもっと楽しもう。確かなメソッドに基づいた、新しい西洋美術史をこの一冊で網羅的に紹介する。

212
西洋美術史入門〈実践編〉
池上英洋

好評『西洋美術史入門』の続編。前作で紹介した、基本知識や鑑賞スキルに基き、エジプト美術から近現代の作品まで、さまざまな名作を実際に読み解く。

190
虹の西洋美術史
岡田温司

出現の不思議さや美しい姿から、古代より思想・科学・芸術・文学のテーマとなってきた虹。西洋美術でその虹がどのように捉えられ描かれてきたのかを読み解く。

116
ものがたり宗教史
浅野典夫

宗教は世界の歴史を彩る重要な要素のひとつ。異文化への誤解をなくし、国際社会の中での私たちの立ち位置を理解するために、主要な宗教のあらましを知っておこう。

184
イスラームから世界を見る
内藤正典

誤解や偏見とともに語られがちなイスラーム。その本当の姿をイスラーム世界の内側から解き明かす。イスラームの「いま」を知り、「これから」を考えるための一冊。

ちくまプリマー新書

162
世界の教科書でよむ〈宗教〉
藤原聖子
宗教というとニュースはテロや事件のことばかり。子どもたちは学校で他人の宗教とどう付き合うよう教えられているのか、欧米・アジア9か国の教科書をみてみよう。

265
身体が語る人間の歴史
――人類学の冒険
片山一道
人間はなぜユニークなのか。なぜこれほど多様なのか。日本からポリネシアまで世界を巡る人類学者が、身体の歴史を読みとき、人間という不思議な存在の本質に迫る。

113
中学生からの哲学「超」入門
――自分の意志を持つということ
竹田青嗣
自分とは何か。なぜ宗教は生まれたのか。なぜ人を殺してはいけないのか。満たされない気持ちの正体は何なのか……。読めば聡明になる、悩みや疑問への哲学的考え方。

148
ニーチェはこう考えた
石川輝吉
熱くてグサリとくる言葉の人、ニーチェ。だが、もともとは、うじうじくよくよ悩むひ弱な青年だった。現実の「どうしようもなさ」と格闘するニーチェ像がいま甦る。

276
はじめての哲学的思考
苫野一徳
哲学は物事の本質を見極める、力強い思考法を生み出してきた。誰もが納得できる考えに到達するためのその思考法のエッセンスを、初学者にも理解できるよう伝える。

chikuma primer shinsho

ちくまプリマー新書288

ヨーロッパ文明《ぶんめい》の起源《きげん》　聖書が伝える古代オリエントの世界

二〇一七年十一月十日　初版第一刷発行

著者　池上英洋（いけがみ・ひでひろ）

装幀　クラフト・エヴィング商會

発行者　山野浩一

発行所　株式会社筑摩書房
東京都台東区蔵前二‐五‐三　〒一一一‐八七五五
振替〇〇一六〇‐八‐四一二三

印刷・製本　株式会社精興社

ISBN978-4-480-68992-4 C0222 Printed in Japan

乱丁・落丁本の場合は、左記宛にご送付ください。
送料小社負担でお取り替えいたします。
ご注文・お問い合わせも左記へお願いします。
〒三三一‐八五〇七　さいたま市北区櫛引町二‐六〇四
筑摩書房サービスセンター　電話〇四八‐六五一‐〇〇五三